○王彤 著

养生就是养气血

五脏通调理 盈实精气神

五脏调 百疾消 调和五脏 祛病强身

情志病 情治病 情志调畅 百毒不侵

精、气、神、五脏全面调养法

化学工业出版社

米立方出版机构

·北京·

《黄帝内经》曰"百病生于气"，中医养生的核心便是养心，而调气则是这个核心当中的主打方。本书就是强调养生要先养心，告诉读者"精气神"为养生治病的上药三品，心平气自和，气和则安，气乱则病。

全书在五脏藏五神，五志伤五脏的基础上，不仅说明了精、气、营、血、脉是"五神"的物质基础，还详述了五脏的生理功能与"五神"活动的关系。不仅列举大量的生活现象和案例，更重要的是教会读者一些非常简单实用的养生法则，通过对精、气、神的调和来全面调养人体的五脏，从而达到气血充盈，平心静气，形神合一的养生最高境界。

图书在版编目（CIP）数据

养生就是养气血——精、气、神、五脏全面调养法/王彤著．—北京：化学工业出版社，2009.7
ISBN 978-7-122-06292-5

Ⅰ. 养… Ⅱ. 王… Ⅲ.①补气（中医）-养生（中医）②补血-养生（中医） Ⅳ. R254-2

中国版本图书馆 CIP 数据核字（2009）第 119900 号

责任编辑：肖志明　　　　　　　装帧设计：尹琳琳
责任校对：周梦华　　　　　　　插图绘制：刘　伟

出版发行：化学工业出版社　米立方出版机构
　　　　　（北京市东城区青年湖南街 13 号　邮政编码 100011）
印　　刷：北京云浩印刷有限责任公司
装　　订：三河市前程装订厂
720mm×1000mm　1/16　印张 12　彩插 1　字数 162 千字
2010 年 1 月北京第 1 版第 3 次印刷

购书咨询：010-64518888（传真：010-64519686）　售后服务：010-64518899
网　　址：http://www.cip.com.cn
凡购买本书，如有缺损质量问题，本社销售中心负责调换。

定　　价：24.80 元　　　　　　　　　　　　　版权所有　违者必究

内因决定外貌，心理决定健康

有一次，去安徽桐城，被朋友带到当地有名的景点——六尺巷逛了一圈，最喜欢其中一首诗：**"千里修书只为墙，让他三尺又何妨。万里长城今犹在，不见当年秦始皇"**。

那时候，我正被一些工作上的事所困扰，每天忙得焦头烂额，疲于应对。看到这首诗的时候，一直被凝滞的经络好像突然被打开了，豁然开朗。那些剪不断、理还乱的事情一下子都被抛到九霄云外，在那里我开开心心地玩了两天。回家之后，工作上的那些烦心事情在我外出的日子已经得到了解决。那种喜悦，至今想来依然回味不已。

由于工作的原因，我接触了很多病人。每每看到他们的痛楚，说实话，我的心里也很不是滋味。痛心于他们对自己身体的不善待，痛恨于他们面对疾病时的懦弱和无知。如果他们一开始便对身体、对疾病有个大致了解的话，我想许多疾病就不会发生，而面对疾病也不会如此的彷徨无助。

有句话说得对："疾病是每个人一生都要过的桥"。是的，只不过这桥有长有短，有宽有窄，关键的问题不在于"过桥"的难易程度，而在于你"过桥"时的心态。同样百十米的小桥，有的人大步流星，三下五除二便过去了；而有的人却踟蹰不前，被桥下貌似汹涌的波涛吓得动弹不得……这一切，与"桥"无关，只在于我们的"心"，只要"心"是勇敢的、坚强的、无畏的，那么，所有的问题都能迎刃而解。

我曾经采访过多位百岁老寿星，他们无一不经历过种种磨难，有的甚至超乎常人的想象，虽然是银丝满鬓、拐杖轻拄，但他们展现给我的清晰的笑脸、和善的面容却如同春日的繁花，让人倍感温情。

我也曾经见识过很多被化疗折磨得死去活来，却最终活下来的癌症患者，他们的坚强让我意识到，身体虽然脆弱得如同一只蚂蚁，但生命却可以顽强地如同亘古的日月。

是的，置身于这样一个自然环境和社会环境都被严重污染的地球之中，人体随时都在遭受着各种病菌的侵袭，要想百毒不侵，无异于天方夜谭。所以，我们努力发展医学，努力寻找更适合的食物、更好的锻炼方法……这一切的一切，只为了生命的最初本能——健康长寿。

可是，我们忘了一个最根本的东西，那就是心理。我们常说：**内因决定外貌**；当代医学模式也由"生物医学模式"转向了"生物—心理—社会医学模式"。也许对很多人来说，这是一种进步，可从中医的角度来说，这不过是医学的返璞归真而已。《黄帝内经》开篇就说**"恬淡虚无，真气从之。精神内守，病安从来"**。而后的所有文章，无一不是将心理和身体的调适放在一起，两条线并行不悖。

只不过，就像我们长大了会向往外面的世界一样，我们在成长的道路上总是会渐行渐远，偏离自己最初的轨道，以至于后来，渐渐迷失了自己，找不到回家的路。

所幸，在我近不惑之年终于心有所悟，迷途知返，自认找到了生命的本源、健康的核心。在化学工业出版社编辑们的帮助下，我将生平所遇到的人和事回忆起来，结集成书，既是对自己多年来行医生涯的总结，也希冀能给大家带来一丝感悟。也许，你看了后会大有收获；也许，你觉得浪费了半天工夫。这些都不要紧，只要你愿意踏出寻求健康的一步，那么，我们便可以结伴为友。或许我们最初的方向不同，但殊途同归，只要坚持，相信我们会在健康的彼岸把酒言欢，共享收成！

王彤

于北京

目 录

如果有人问："你一生追求的是什么？"相信您一定会回答："幸福"。可幸福又是什么呢？其实，答案很简单，幸福就像小孩一样每天无忧无虑地玩乐，随心所欲地生活。

美国作家柯蒂斯说："幸福的首要条件在于健康"。健康不仅仅是身体的，而是包括身体和心理两个方面，身体无病无灾，心理快乐无忧，那么人生自然能够每天都幸福快乐！

中医说人有三宝精气神，神是这当中最高的一层，它藏在心脏当中，所以叫"心神"。一个人能够一心一意做一件事，心无旁骛，我们说他"心神安定"；否则就叫"心神不定"。

"心藏神，为诸脏之主。若血气调和，则心神安定；若虚损，则心神虚弱"。人体所有的器官都需要在心血的调动下安然工作。所以，气血足的人往往做事有效率，头脑敏捷。反过来，如果我们能够调整心智，不让心神"擅离职守"，那么，气血运行井然有序，再加上适当的调养，身体也能健健康康活到天年。

第三章　肝藏魂，肝是身体与心情的瞭望台 …………………… 53

"心藏神，随神往来谓之魂"。在中医里面，肝是随时伺候在心左右的宰相，心里有什么事，会迅速地反映在肝上，所以我们说肝是情绪的第一接受者，最容易受情绪的影响。心情一旦不好，肝藏血的功能会即时降低。肝无血可藏，心也就无血可主，气血不受心的调动，身体就会在第一时间出现问题。

中医强调"女子以肝为本"，原因就在于女性失血过多，肝脏受损，所以容易胡思乱想，情绪烦乱，这也是女性身体虚弱的一个重要原因。发现自己情绪烦躁的时候，不妨从养肝血下手；感觉身体疲惫不堪的时候，也可以静下心来，调适一下自己的情绪。二者相辅相成，互相影响，这中间，只因为有"肝"在左右。

中国有句古话，叫"三岁看老"。意思是从一个小孩的秉性就可以看出他将来是不是有出息。中医认为，聪明与否的关键点是肾。肾藏志，这个志包括"意志"和"智力"，肾气足的话，人的意志力会更坚定，血脉调和，反应能力会更快，人也更加聪明。

然而，肾气也容易被消耗掉，它就像银行的存款，需要我们细心打点，节约使用。生活中容易惊恐、害怕的人尤其需要注意保存肾气，多经历一些事，害怕的时候振臂高呼，调动起全身的气血来为肾气保驾护航，一来二去，自然会肾气足，百病除。

第五章　脾藏意，脾是五脏当中最宽厚的"谦谦君子"

"脾居中土，调和四方"，是人离开母体之后气血的主要来源，也是五脏当中最具大家风范的谦谦君子。当人们情绪上出问题的时候，第一个受到影响的是肝，但肝不会白白受着，会把问题"转嫁"给脾。脾承受不了这些重担的时候，就会出现各种问题：要么吃不下饭，要么狂吃不已等。这些举动又会反过来对脾造成严重的伤害，形成一种恶性循环。

脾就相当于军队的后方粮草，粮草出了问题，整个五脏六腑的秩序都会被打乱，"士兵"无心恋战，身体就会百病丛生，毫无抵抗力。所以，在生活中，我们一定要照顾好脾，不要让这位气血"大总管"疲于奔命。

仓廪实，底气足，五分钟健脾功让身体的气血总管

第六章 肺藏魄,要想气势恢弘先要肺气强盛

生活中,那些做事有魄力、果敢的人往往能成就大事,为人所敬佩,人们往往称其有气魄。这从中医的角度来解释的话,就是肺气强盛。肺主气,司呼吸,人体的气血由脾胃生化出来之后,要进入肺脏再进行调配。肺脏健康的话,指挥调配的能力就强。这就好像一个将领指挥调度的能力一样,底气越足,越能游刃有余。

然而,肺是娇脏,稍不如意便会受伤,心情低落了,天气干燥了,都会影响到肺,肺主气的功能就会下降。肺气一降,人对外界的刺激就会格外敏感,变得忧愁内向起来。要想心情高昂,就要保证肺脏不受伤,肺气的出入肃降不出问题。

中国有句古话："良言一句三冬暖，恶语伤人六月寒"。生活中，那些对人宽容体贴，性格宽厚，待人至诚的人，身边往往会有更多的朋友，而他们的身体往往也更健康结实一些。孔子说："德润身"。其实反映的也是这个现象。道德修养虽然只是心理的事情，但在中医看来，人的生命是由身体和心理两者构成的。二者互相影响，身体不好了心情也难高兴，心理出问题了，身体也会跟着不舒服起来。

生命在于运动，但更在于道德修养。一个单纯的运动健将是很难长寿的，必须得劳逸结合，动静结合，将内在修为的锻炼放在一个至高的位置，只有这样的人才能真正的长寿、幸福。

养生先养心，养心先调气

眼下中医养生劲头之强劲，实在让人叹为观止，各种各样的养生书籍层出不穷。可是，遍观之余，我却发现多数书籍主要围绕着如何吃喝、如何补养这个核心来探讨健康问题。

如果说养生是中医的特长所在，那么养心便是中医养生的核心，而调气则是这个核心当中的主打方法。而实际上，"气"也是最适合用来表述中医精髓的一个词汇。很多人觉得气虚无缥缈，是最不靠谱的东西。一些不了解中国文化的外国人甚至认为气纯属无稽之谈，和中医的经络学说一样，被斥为臆想的东西。

其实，一个真正的中医，或者说一个真正懂得养生之道的人，必定是一个善于调气的人。也就是说，他必定很善于调控自己的情绪，不让气的运行乱了秩序，对身体造成伤害。所以我们经常听到一个词：平心静气。

气是什么呢，真的虚无吗，为什么古人这么强调气呢？只有了解了这些问题，我们才能真正学会控制自己的情绪，才能真正懂得养心，也只有如此才能真正学会养生。否则一切的学习、努力都不过是隔靴搔痒，劳而无功。

中医说上药三品：精、气、神。精是物质基础，神是活力的表现，而气居中间，是能量的化生，它上通下达，既要帮助消化，将水谷化生为"精"，还要运输传达，将"精"送到五脏六腑，供养人体的"神"，以此使人成为一个完整的人。这三品当中，缺了"精"，人会营养不良；而失了神，人则如同行尸走肉；如果少了气的话，人则形神分离，命不长久。人们常说"气若游丝"，就是气不足了，命在旦夕了。

《黄帝内经》开篇就说百病生于气，喜怒哀乐都会导致气的上蹿下跳。可见，气是极其容易受影响的，我们的不良情绪就是气的"致命杀手"。气不按照正常的秩序运行，水谷营养就无法送达该去的脏腑，就会造成营养的缺失。而我们不了解这一点，盲目进补，后果就是一边营养不足，一边垃圾过多。不仅如此，气本身的纠结还会导致各种病的发生，很多都和气没有正常运行有关。所以说，**要养生，先要养心，心平气自和，气和则百病不生。**

而养心，说起来简单，做起来却难如登天。不以物喜，不以己悲，岂是寻常百姓能做到的？实际上，无欲无求不仅一般人做不到，也完全没有必要。我们要做的，并不是杜绝负面情绪，逃避压力，而是勇敢地面对这些，以正确的方式来化解这些。而调气就是生活压力和身体健康之间的一个调节器，每天奔波忙碌之余，抽几分钟做做深呼吸，隔几天练练太极拳，就好像给的体内环境来一个大清扫，体内没有了杂质，气血运行正常，自然就不会再受疾病的折磨。如此一来，整日里又何须为健康而担忧呢？

第一章

天人合一，身心和谐是获得健康和幸福的基础

　　如果有人问："你一生追求的是什么？"相信您一定会回答："幸福"。可幸福又是什么呢？其实答案很简单：幸福就是像小孩一样每天无忧无虑地玩乐，随心所欲地生活。

　　美国作家柯蒂斯说："幸福的首要条件在于健康"。健康不仅仅是身体的，而且是包括身体和心理两个方面，身体无病无灾，心理快乐无忧，那么人生自然能够每天都幸福快乐！

百病生于气，气的良好循环是身体机能健康最基本的保障

"余知百病皆生于气也。怒则气上，喜则气缓，悲则气消，恐则气下，惊则气乱，思则气结"。

——《黄帝内经·举痛论》

这个世界永远都会有一些人在不经意间让你感动不已。

这样的感慨来源于一群癌症患者，他们中间，有的已经被判只有半年的寿命了。

"没有病之前，我每天都不开心，总有说不清的事情萦绕在心头，让人难以开怀，孩子不听话、老伴不体贴，总觉得自己付出太多，得到太少"。一位60多岁的胃癌患者说，"病了之后，他们放下所有的事情，天天陪伴在我身边，我才知道自己有多么幸福"。话没说完，旁边已经有很多人在点头了。看来，他们对此话也是感同身受。可以看出，他们这些正在经历着癌细胞折磨的患者，已经拥有了超然物外的心境，即使不能康复，相信也能够平和地走完这生命的最后时光。只是在旁人看来，总有几许欷歔的意味。

是啊，如果人一开始便有这样的心境，或许肿瘤就不会找上身来，生活将会是一副其乐融融、阳光灿烂的模样。人，为什么非要到这种绝境的时候才能了悟生命的真谛呢？

据报道，81.2%的癌症病人在患病前曾遭受过重大事件的打击。而北京、上海等地的调查也发现，胃癌患者在确诊之前都有喜欢生闷气的习惯。现代医学也在下大力气研究肿瘤与情绪之间的关系。实际上，中医早就发现了二者之间的联系，《黄帝内经》说："**百病皆生于气也。怒则气上，喜则气缓，悲则气消……**"

看似不经意的小情绪，却导致我们身体内最基本的物质——气，随着心情的波动而上下起伏，疲于奔命，打乱了身体的正常运行，如此一来，又怎么能保证机体的健康呢？举个最常见的例子，如很多人一生气就吃不下饭，感觉胸口、咽喉堵得慌，这时候，他们可能会不由自主地去按揉胸口，其实这就是身体在自发地调节。之所以堵，就是因为那里有一团气，揉一揉，把气揉散了，胸口堵塞的现象也就缓解了。

在气的各种形态当中，人们听得最多的就是气滞。气滞形成的原因很简单，一个是寒，寒凝则气滞，冻住了；另一个就是忧思，忧则气聚，思则气结。就像前面说的一样，经常忧愁、思虑的人，最容易得肿瘤疾病。因为他们时常忧虑，导致气聚结在一块，运行不畅，就像下水道堵塞了一样，时间久了，难免发生各种病变，癌症就是其中最恶劣的症状。轻一点的，如乳腺小叶增生、淋巴结核等，都和气滞有关。

说了这么多，可能有人又在思虑了。凡尘俗世，要想不惊不喜不怒不忧，谈何容易，遇到不顺心的事情，产生了不好的情绪又该怎么办呢？最好的方法只有两个，**一是修炼自己的心胸**，不要为了点滴小事而情绪波动；**二是不让负面情绪对身体造成伤害**，也就是产生了负面情绪的时候，及时将它疏导出去。就和大禹治水的道理一样，情绪也是宜疏不宜堵的。本来只是虚无的东西，堵久了，就变成实实在在的病源了。

说到这里，我给大家推荐一个最古老又简单的方法——人称内练"精气神"，外练"手眼身"的八段锦。其既可以调整体内气的正常运行，也可以锻炼筋骨，可以说是内外兼修的极好运动。而且难度不高，最适宜于上了年纪的人锻炼。

八段锦早在宋代就开始流传了，它的作用就是导气引体，调畅气血，对于心思比较细腻，对很多事情都容易郁结于心的人来说，是再合适不过了。

八段锦在流传的过程中形成了许多的门派，但万变不离其宗，细算起来有坐式和站式两种。前者适合睡前、醒后，穿着宽松的睡衣在床上练习。而后者则不分时候，不分人群，有兴趣者皆可练习。这里给大家推荐一套简易八段锦，动作很简单。

第一式：双手擎天

双脚分开与肩同宽，膝关节微屈，蹲马步（体力好、年纪较轻的人下蹲的幅度可以适度放大，但要量力而为）。上身直立。双手掌心向上，提到胸前，翻掌向上，举过头顶，形如托天。手臂呈弧形，肘关节与耳朵同一水平高度。如图。

第二式：左右开弓

下肢不动。双臂伸直过头，而后徐徐下降，左手臂在体外侧伸直，食指朝天，手掌向外，右手放在胸前呈拉弓状，如同弓弦从头上拉开的样子，整个过程中头随手动。如图。

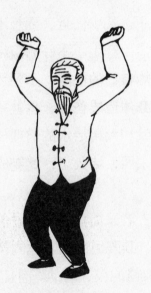

双手擎天

左右开弓

第三式：双臂拉举

双脚不动。左手向下，右手向下，同时向斜上后、斜下后用力拽，尽力拉开双手和胸腹。如图。

第四式：回头远望

双脚不动。上身以腰为轴，在头的带动下向左转，直到身体能承受的最大角度。同时，双手在头后随着头的转动而自然移动。当身体转到最大角度时，双手转到眼前向上架起，双眼远眺；然后在头的带动下身体转向对侧，重复一遍先前的动作。如图。

双臂拉举

回头远望

第五式：摇头摆尾

双脚姿势不动。双手手心朝下，拇指朝外，压在大腿上靠近膝盖的地方，挺胸塌腰，眼向前看，用头引领躯干，左右转动，使整个躯干左右摆动，如同蛇一般。如图。

第六式：双手攀地

双腿直立，与肩同宽，往前往下弯腰，双手从大腿根部开始向下拉伸，从膝盖、小腿一直到地面，使整个大腿有抻拉的感觉。双手能触到哪里就是哪里，不要盲目追求到达地面。如图。

第七式：攒拳怒目

两脚开立与肩同宽，双腿弯曲，做马步深蹲，大腿尽量与地面平行，双手放于大腿上，掌心朝上。如图。

摇头摆尾

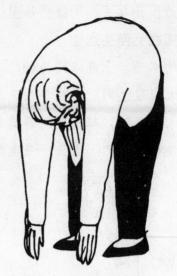

双手攀地

攒拳怒目

磕磕足跟

第八式：磕磕足跟

　　身体直立，手叉腰，脚跟并拢，脚尖分开。用力把足跟抬起，然后自由下落，做 2～4 个八拍；然后脚跟分开，双脚成平行站立，脚尖向正前方，重复刚才的动作，也做 2～4 个八拍。如图。

　　上了年纪的人，早晚练习一番，不仅可以调节气机，让百脉顺畅，而且也避免了由于退休在家，寂寞无聊导致的心神空虚，可以说是一举多得的事情。如果文字看不太懂的话，您也可以去音像店买一张八段锦DVD，那样就好像有师傅在旁边指导了。跟着DVD将动作掌握之后，就可以自行练习，八段锦练习的关键在于神而非形，所以一定要用心去体会其中每一个动作的感觉。

八段锦练习起来很简单，关键是要坚持练习，慢慢地学会
呼吸吐纳，从内调整身体气血的运行。

很多人对这些东西总感觉很神秘，什么呼吸吐纳，什么气守丹田，觉得很难弄懂。其实，"熟读唐诗三百首，不会作诗也会吟"。只要你坚持练习，时间久了，慢慢自己就会找到感觉，不需要刻意为之，关键在于"坚持"二字。

百病皆生于气，气和则安，气乱则病，气散则死。平时生活中，想哭就哭，想笑就笑，不要过分地遮掩自己的情绪，早晚练一练八段锦，将因为大大小小的事情而打乱的"内环境"调整过来。"欲攘外先安内"，只要有一副强壮的身体，人生还有什么过不去的坎呢？

养生就是养气血，气血要补更要运

"夫心藏神，肺藏气，肝藏血，脾藏肉，肾藏志，而此成形。志意通，内连骨髓，而成身形五脏。五脏之道，皆出于经隧，以行血气，血气不和，百病乃变化而生，是故守经隧焉"。

——《黄帝内经·素问·调经论篇》

行医这么多年，经常有人问我，什么是养生，养生到底要养什么？

养生就是养气血。 西医说人体需要各种各样的营养元素，而对于中医来说，人体最需要的就是气和血。可以说人体就是靠气血在供养着，气行血行，气滞血淤。气血充足，运行通畅，人就会健康长寿，否则人就容易得病。中医所推崇的阿胶、红枣、当归，留传千古的四物汤等都是补血的；而气功、太极拳、六字诀等都是用来调气的，只要气血和顺，人体自然不会出问题。

所以我们说，养生最重要的一点就是养气血。而养气血又分两个方面：一是补，通过睡眠、药物和食物等方法来补充足够的气血，气血充足是人体健康的基础。二是运，光把气血补足了不够，还得把它们运送到身体各个部位，否则还是徒劳无功。 这就相当于我们开工厂，先要投资（买药物和食物），然后生产出成品（经过脾胃消化成气血），然后再运输出去（气血运行），前面都是辅助工作，最后才是产生效益（身体健康）的关键。金元四大家之一的张子和说"气血流通为贵"也是这个意思。

如何补足气血呢？现在的人物质条件充裕，第一方面也不用格外强调。反倒是第二方面一直以来被人们忽视，似乎吃进去了东西，就等于补充了营养，身体就健康了一样。其实不是这样的，自然界的风寒燥火，人的喜怒哀乐，都会对气血的运行产生影响，会干扰本来正常运行的气血，使之偏离正常的轨道，从而导致脏腑得不到该有的滋润而出现病变，所以中医说"怒伤肝，恐伤肾"。

那么，我们该怎么做才能让气血顺畅运行，不出现逆转呢？这个就得从经络来说了。我们知道，气血运行的通道是经络，气血如果运行不畅，就会堵在那里，这时候最重要的是将堵塞的经络打通。所以，中医最强调的一个词就是"疏通经络"。

在我们人体内有 12 条正经，8 条奇经，气血运行的时候，由于各种原因，不定在哪个地方就淤滞了。**一般来说，淤滞的地方按压会疼痛，这也就是中医说的"痛则不通"。这时候，最简单的办法就是在这些痛点上以按摩的手法轻轻揉按，揉到不痛了，问题也就解决了，这就是"通则不痛"。**

但是，这些痛点如果不按、不理会的话，我们一般是感受不到的（除非淤滞到一定程度）。所以，这就要求我们平时多跟我们的身体"对话"，洗澡时、睡觉前，在身上多捏捏、多按按，这就好像公司的高层管理一样，没事要多去公司的各个部门走走，这样才能发现潜在

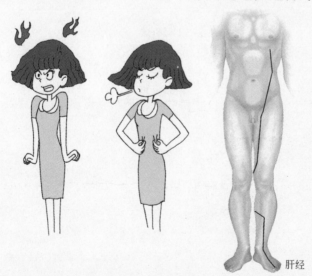

肝经

身体的每一个问题都会反应在经络上，哪里出了问题，就在对应的经络
上敲敲揉揉，找到痛点，揉到不痛了问题也就解决了。

的问题，及时解决掉，免得留下后患。

不过，凡事要因时因事而异，我们不可能同时走遍三山五岳，也不可能在同一时间照顾到身体的各个部位。所以，当心情郁结的时候，要想着可能肝经有淤滞；一顿不小心吃多了，或者油腻了，饭后两小时想着推推脾经；工作累了，压力大了，晚上想着好好地揉揉心包经……就像对待自己的爱人一样，让他（她）操劳了一段时间，总得想办法好好慰劳一下才好。这样，身体才会心甘情愿地为我们服务。见上页图。

人生又何尝不是如此呢？问题总会层出不穷，而生活就是不断地解决这些问题的过程，要想一下子解决掉所有的问题，一劳永逸，是懒惰者的想法。经络就和生活一样，需要一条一条去疏通，一个问题一个问题去解决！

五脏藏五神，吃饭就是给我们的"五脏神"祭献供品

"志意和则精神专直，魂魄不散，悔怒不起，五脏不受邪矣"。

——《黄帝内经·灵枢·本脏》

有一次参加一个学术座谈会，会议快结束的时候，有人起身说道："谈了这么久，也该歇歇了，咱们找个地方祭祭五脏庙吧"。

当时没听懂。后来才知道，当地方言喜欢把吃饭叫做"祭五脏庙"。这个词很新鲜，我反复咀嚼之下，不禁哑然失笑，中医很多深奥的东西被老百姓用通俗俚语说出来之后，便显得格外生动有趣起来。

《灵枢·天年篇》当中说："血气已和，荣卫已通，五脏已成，神气舍心，魂魄毕具，乃成为人"。意思是说只有形神兼备时，"人"才能成为一个健康、有活力的人。**这里的形就是五脏：心、肝、肺、脾、肾，而神则是指五脏当中所藏的人的精神心理因素：神、魂、魄、意、志，也就是中医所说的五志。**

五志，也就是神不是凭空产生的。它有物质基础，即精气，而精气是贮藏在五脏当中的。精气是由水谷精微化生而来，所以，当人不吃饭，气血供给不足的时候，神就会离开自己的"宫殿"去"觅食"，神是五脏的主帅，它一旦离开，必然会引发很多问题。所以，我们中国人一再强调"民以食为天"，吃饭就是在给我们的"五脏神"祭献贡品。

气血不足会导致"五脏神"出位，"五脏神"出位会表现在我们的性格上，如有的人经不起刺激，稍微刺激一下就怒不可遏，这样的人很明显是肝血阴虚，肝阳亢盛；而工作过于劳累的人，经常会感到腰酸耳鸣，记忆力下降，连思维都会迟钝很多，这往往是脾和肾的气血供养不足导致的……这在一方面提示我们，如果最近情绪

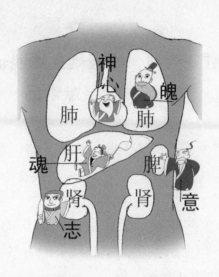

**五脏藏五神，心、肝、肺、脾、肾五脏当中分别藏有
神、魂、魄、意、志五志。**

和往常不一样的话，一定要及时反省一下，是不是对哪位"神"的
照顾不到位，赶紧调整一下，好好去"祭拜"一下我们身体的"五
神庙"，以求身体健康，生活平安。

　　当然了，神是由五脏中的精气升华而来的，但不仅仅受气血的影
响。一个人的人生观、阅历以及生活环境都会左右他的"神"。同样
一件事情，在甲看来，无伤大雅，但在乙看来，却是气愤不止，这样
也会伤害我们的五脏。见上图。

　　所以中国传统文化很强调修身养性，将其放在一个至高点上，
《黄帝内经》中更是一开篇就说"精神内守，病安从来"，后面的文
章当中也反复强调"神安则延寿，神去则形散"，就是告诫人们不要
思虑太多，那样会伤害身体，因为神虽然是在形的基础上产生，但
对形有主宰作用。

　　说到这里，相信大家都能够更加深刻地认识到，要想真正保证身
体健康，除了从饮食、运动等方面来保证气血供应，让"五脏神"不
出位之外，也要在生活中多加修炼，提升自己的胸襟和气度，尽可能
地让自己站得高，看得远，不为小事而引起情绪上的波动。

六淫伤形，七情伤神，神伤才是
身体真正的克星

"凡未诊病者，必问尝贵后贱，虽不中邪，病从内生，名日脱营。尝富后贫，名日失精，五气留连，病有所并"。

——《黄帝内经·素问·疏五过论》

"凡刺之法，先必本于神"。在《黄帝内经·灵枢·本神》的开篇，黄帝就说"所有的针灸方法，都要以人的'神'作为诊断的依据"。这里的"神"就是我们的精神活动，也就是说，对一个人的疾病治疗之前，先要了解他当下的精神状态，然后才能对症下药。

大家可以想一想，治疗疾病都要以"神"为准则，那么预防疾病呢？

在谈预防疾病之前，我们先要对疾病产生的原因有个大致的了解。稍微有点中医知识的人都知道，**中医将致病因素主要分为两大块，一是自然界的"六淫"；二是人内在产生的七情**。说直白点，就是人栖身的两个大环境，一个是自然环境，一个是社会环境。"六淫"说的是自然环境变化引起的风、寒、暑、湿、燥、火六种致病因素，连小孩都知道，冷了要加衣服，下雨了要打伞，用这些方法来抵抗自然界的"六淫"。

可是，社会环境对人的影响却很少有人想到。我们每天要跟不同的人打交道，要面临各种不同的事情，这些事情和自然环境一样，会导致我们身体、心灵发生变化。那么，用什么方法来抵抗我们日常生活中产生的喜怒哀乐，悲哀忧愁，不让它伤害我们的身体呢？

我想很多人会奇怪或根本没有意识到精神、情绪上的东西也会对身体造成伤害吧？这也难怪，在这个浮躁的社会，连身体的问题很多人都置之不理，谁又有工夫静下来听一听心灵的声音呢？不过，如果你真的关注身体，关注心灵，关心生活幸福与否，就静下来想想吧，因为社会因素，或者说"七情"对身体的伤害远远大于"六淫"。后者伤害的只是我们的身体，而前者伤害的是我们的"神"。

"神"在中医里是一个至高无上的名词，说它藏在"心"里面，又说"脑是元神之府"。"脑"在奇恒之腑中居首位，而五脏当中以"心"为核心，"神"就藏在这样两个最重要的器官当中，指挥人的生命活动。可想而知，它的地位有多重要。**中医最强调人所拥有的三宝就是"精气神"，这当中精是物质基础，气是人体与自然界沟通的一个"中介"，而神则是前面二者的升华**（这个问题我们后面还会详细介绍）。我们说养生，最终的目的就是养神，只要神养好了，不管身体、生活处于一个什么样的境况，我们都能感受到生活的幸福，拥有无可匹敌的生命质量。见下图。

身体只是一个载体，真正能够感受到幸福与否还得看心理是否健康。

而我们看似不经意的喜怒哀乐伤害的就是我们的神，《黄帝内经》中说"得神者昌，失神者亡"。一个人如果心胸宽广，小事不放在心上，则情绪不会轻易受波动，这样一来，气血调和，脏腑功能协调，正气充足，表现出来的感觉就是精神饱满，从内到外透出一种敏捷、健康的讯息；反过来，那些心胸狭窄，喜欢争名夺利的人，往往因为一些微小事情而引起情绪的变化，体内气血的循行方向很容易被打乱，气血一旦失调就会引发各种问题，给人的感觉是身体很虚，容易得病。

科学家研究发现，**性格内向更容易减弱人体的免疫力**。这从中医的角度来解释就和上面一样，性格外向的人，有什么事都说出来了，不像性格内向的人，有事都憋在心里，导致肝郁，或者暗自悲伤，这种"内怜"的性格很伤神，容易导致体内气血凝滞而引发各种疾病。

现在流行的"癌症性格"的人便是神伤的典型代表，这种人往往是先由于情绪压抑，伤了神，然后才一步一步耗气伤精，最后形成病理性的病变，一旦诊断出来往往就是比较严重的疾病。相比之下，六淫的伤害就小得多了，可能是上火、咳嗽、感受风寒等，只要我们加以注意，基本上不会出现严重的病变。所以中医说"心神乃形之大主"。一个身体出现问题的人，如果精神状态很好的话，我们都会发自内心地感受到他的健康。否则的话，身体再健康，给我们的感觉也是无精打采，一副病恹恹的模样。这些就是"神伤"与"形伤"的区别，所以我们说，"形伤"事小，"神伤"才是真正致命的。

一个人如果能够时时注意修炼自己的"神"，不以物喜，不以己悲，保持一颗平常心，那么，生活中所有的困难都能在一种理智而平静的状态下解决掉，这样的人生又何愁不幸福呢？

第二章

心藏神，元神归心自然寿与天齐

中医说人有三宝精气神，神是这当中最高的一层，它藏在心脏当中，所以叫"心神"。一个人能够一心一意做一件事，心无旁骛，我们说他"心神安定"；否则就叫"心神不定"。

"心藏神，为诸脏之主。若血气调和，则心神安定；若虚损，则心神虚弱"。人体所有的器官都需要在心血的调动下安然工作。所以，气血足的人往往做事有效率，头脑敏捷。反过来，如果我们能够调整心智，不让心神"擅离职守"，那么，气血运行井然有序，再加上适当的调养，身体也能健健康康活到天年。

心平气和病不欺——给心血管疾病患者的"手足相连"调气法

> "心者，五脏六腑之主也，忧愁则心动，心动则五脏六腑皆摇"。
> ——《黄帝内经·灵枢·口问篇》

一位朋友给我发来邮件，说因为一些小事，跟父亲吵了一架，结果，老人家心绞痛发作，住进了医院。看着老人受着疾病的折磨，他的心里有说不出来的难受，求助于我，看中医有没有好的办法可以控制一下病情。

看到这样的消息，我心里的平静顿时被打破了。对心血管疾病，西医说是因为老人年老体衰，血液循环不畅，所以血液中的很多垃圾沉淀下来，附着在血管壁上，堵塞了血管而导致心脏疾病。所以，他们借助药物和手术，来打通心血管，加强心脏供血。可惜，这些都是治标不治本的策略。稍不注意，便有可能旧病复发。

而中医呢？中医讲究辨证，所有疾病都要根据病人具体的情况来治疗。对朋友提出的这个问题，我真有点黔驴技穷。不过，功夫不负有心人，熬了一个通宵，我还是为朋友找到了一个辅助的治疗方法，在这里写出来，以供心血管疾病患

 "手足相连"调气法

换上宽松的衣服，排空大小便，在床上或者沙发上坐下来（注意旁边不要有障碍物），挺胸收腹，背部挺立，深吸一口气。

然后，两手握拳，用力向前交替出拳，左右手各3次。

之后，左手撑腰，右手向上伸展，掌心向上做托举状，同时深呼吸2次，左右手交替做3次。

恢复正常坐姿，两臂向前伸直，十指相扣，与胸齐平。抬起一条腿，脚掌踏于手中，向外伸展，同时深呼吸2次。然后换另一条腿，左右各做3次。

者参考。这是一套操，我称之为"手足相连"调气法，具体做法见下图。

"手足相连"调气法

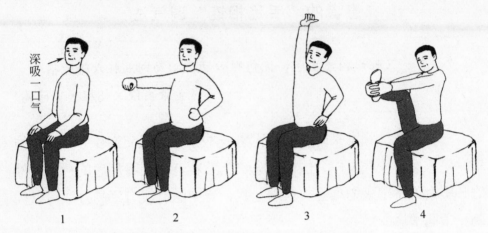

深吸一口气

1　　　　2　　　　3　　　　4

治疗心血管疾病最主要的是让血运行起来，不堆积杂物，气行血行。
要想血脉顺畅，最重要的是气运行通畅。

可能有人不明白，为什么这个运动能够辅助治疗心血管疾病呢？这得先从心血管疾病的病因讲起。其实，中医没有心血管疾病一说，但有胸痹、心悸等疾病，症状和心血管疾病大同小异。在中医看来，引发这一疾病的罪魁祸首就是血淤。《素问·五脏生成篇》中讲："**诸血者，皆属于心**"。也就是说，所有的血液问题都由心脏来主持，血液的充足与否，血脉的运行状况，直接影响着心脏功能。如果营养不够，或者脾胃的消化能力不强，就会导致心血亏虚。现在物质条件这么丰富，这一问题存在的可能性不大。引发这一问题最大的原因就是血淤，也就是西医说的血液循环不畅。

血淤的原因有两种，西医只说出了其中一种，也就是年老体衰，脏腑功能下降导致血液循环变差。这当然是其中一个很重要的原因，但是还有一个更重要的原因一直以来都被忽略着，那就是人的情绪，**情绪会诱发心血管疾病，最重要的原因就是一个字：气。气动则血行，气滞则血淤**。如果人的情绪反应过度的话，就会影响体内"气"的正常运行。

《素问·阴阳应象大论》说"人有五脏化五气，以生喜怒悲忧恐。怒则气上，喜则气缓……"明确地说明了五脏和情绪之间的关系，情绪反应过度，直接会伤害五脏六腑。心脏在这当中居领导地位，主全身的血脉，任何一个脏腑出现问题都会影响到心脏，忧思伤心，心气不足必然会导致血行缓慢，淤滞不前；忧虑会使得肝气郁结，气郁必然血淤……所以《黄帝内经》说："**故悲哀忧愁皆心动，心动则五脏六腑皆摇**"。彼此相生相克，相互影响。

所以，治疗心血管疾病，最重要的方法就是调气，让气能够井然有序地在体内循环，带动血液的流动，将体内的淤滞打通了，疾病就能够不药而愈。

上面介绍的"手足相连"调气法看起来很简单，但却有极好的调气作用。手足部位都是人体经络集中的地方，且与心脏距离遥远，四肢相连，对于增强心肺功能，效果很好。经常锻炼，不仅能够让手脚更加灵便，还能够让心情更加平静。

朋友的老父亲出院以后，遵照我给的方法，每天早上起来，没有受到干扰时做一次；晚上睡觉之前，先静坐几分钟，将白天的事情过滤掉之后再做一次。据他说，不仅身体强壮了，而且睡觉也比以前香甜了很多。

坚持这套运动，不要让心情大起大落，再加上合理的饮食，即使不能将疾病连根拔起，但带病生存，保证高质量的生活，是绝对没有问题的。尤其在心血管疾病高发的夏天，更要保证早睡早起，心情平静。午睡起来后不妨再做一遍，一天三次，让手足相连，阴阳相谐，血脉调和，将因为各种情绪打乱了的"气"调整过来，让它正常运行，排除体内淤血，将身体调整到一个相对健康的状态。身体好了，心情也不会有太大的波动，生活自然能够和和美美。

不过，如果是冬天的话，老年人就不要起得太早了。这个时候，如果睡不着的话，可以躺在床上，通过活动手指来强心健脑，防止胡思乱想的同时，还有助于增强气血循环。身体自然平躺在床上，左手握拳，将小指伸直，然后用力向掌心屈伸 81 次，两手交替进行三个来回。之所以运动小指头，是因为小指是手少阴心经循行的末端，刺激它，等于在帮助心脏运动，有很好的强心功效。

《灵枢·本神论》中说"忧愁者，气闭塞而不行"，"宗气不下，脉中之血凝而留之"。意思是说情绪不好会使气的流通受阻，出现气滞或气郁。气有一息之不通，则血有一息之不行。几十年的风风雨雨，谁不是每天都在体验着这喜怒哀乐的波澜起伏？世事如麻，谁又能理得清、道得明个中滋味？小时候，为了父母而活；长大了，为了子女而活；如今老了，再不为自己活一回，这一生岂不怅惘？坐下来，做做"手足相连"调气操，扫除心里的烦忧，涤清血管的淤血，让新生的血液焕发出生命的光彩，人生夫复何求？

失眠者的良方："三合一"穴位
按摩法，让心肾相交

> "卫气不得入于阴，常留于阳。留于阳则阳气满，阳气满则阳跷盛，不得入于阴则阴气虚，故目不瞑矣"。

——《黄帝内经·灵枢·大惑论》

失眠的问题，拿到现在来说，已经是见怪不怪了，哪个成年人没有几次失眠的经历呢？很多人都习以为常了，偶尔一次的失眠不要紧，但若长期如此，一定要加以重视，否则的话影响工作不说，对身体也会造成极大的伤害。在中医看来，**养生最重要也是最基本的两个方面就是：饮食和睡眠。**

说到失眠的原因，相信大家都明白，这和情绪的关系最大了。第一次离开家乡去外地、第一次去面试、第一次约会……谁没有因之而在床上辗转反侧，彻夜难眠的体会？那种越想睡，越睡不着，好不容易睡着了，却频繁醒来的滋味，想来不用再多说什么了。

在所有和情绪有关的疾病当中，失眠可以算得上是发病率最高的，年纪越大，越容易失眠。虽然说失眠的原因有很多，但在中医看来，却只有一个，那就是心神不宁、心肾不交。失眠涉及众多的脏腑，如心、肝、脾、肺、肾等，但是终归到一点还是心，即与心神的安定与否直接相关。《黄帝内经》说："心藏神"。《景岳全书·不寐》中则说："盖寐本乎明，神其主也，神安则寐，神不安则不寐"。意思是说心神安定，就能正常睡眠，否则就难以入睡。

现在大家都知道一些治疗失眠的小办法，比如数羊，很多人都试过，一只羊、二只羊、三只羊……这样频繁地数个几百、上千只的时候，有的人数着数着就睡着了。这是为什么呢？原因就是数羊的时候，人就不会胡思乱想，心中没有杂念，心神安定了，自然而然就能睡着了。

而有的人数到上万只，却还是睡不着，眼睁睁地看着东方发白。这时候就得采取其他措施了，这里告诉大家一个"三合一"穴位按摩法，相对其他方法来说，这个方法更简便，且不需要辨证，因为经络穴位是我们身体内部的，按摩它可补可泻，对于各种原因引起的失眠都有很好的调节作用。具体的方法如下。

"三合一"穴位按摩法

睡觉之前，洗个热水澡，换上宽松舒适的睡衣，然后再用热水泡脚20分钟，水要没过脚踝，旁边放一瓶热水，时时加温。在泡的同时，按摩脚底的涌泉穴，将五个脚趾头向下弯曲，脚板心会有一个凹陷的地方，那里就是大名鼎鼎的涌泉穴，将食指弯曲，用食指关节部位在涌泉穴上按揉三四分钟；之后用同样的方法按揉太溪穴，太溪穴在脚内踝尖与脚后跟中间凹陷的地方。最后按摩失眠穴，失眠穴在脚后跟，将脚内、外踝画一条线，然后在脚底中间画一条线，两条线交叉的地方就是失眠穴。

前两个穴都大有来头，涌泉穴是肾经的起始穴位，而太溪穴是肾经的原穴，按摩它们，最重要的一点就是补充肾气，推动肾水上行，与上面的心火相交，形成一种水升火降的局面。体内循环好了，心火降下来了，失眠的现象也会大为缓解。

而失眠穴属于经外穴，历代医家在临床使用过程中发现它对付失眠有奇效，所以称之为"失眠穴"。这个穴由于在脚后跟，皮非常厚，所以一定要使劲按摩，如果手劲不够的话，最好弄一根圆头的筷子，那样按摩起来会比较得力一些。

这样一个总的过程大概需要半个小时，如果嫌过程单调的话，可以放一点自己喜爱的、舒缓的音乐，边听边按摩，千万不要嫌麻烦，敷衍了事，那样的话只会功亏一篑，时间浪费了不说，还起不到效果，晚上还得继续受折磨。手脚冰凉的人，在按摩完之后，擦干脚，穿上透气的袜子，躺到温暖的被窝里，要不了几分钟就可轻松入

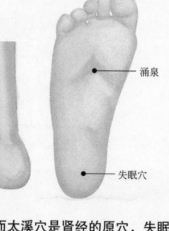

太溪

涌泉

失眠穴

涌泉穴是肾经的起始穴位，而太溪穴是肾经的原穴，失眠穴是
历代医家在临床使用过程中发现对付失眠有奇效的穴位，
三穴配合，对付失眠可以说是手到擒来。

睡了。

　　这个方子主要是针对心肾不交引起的入睡困难，这是现代人最常见的一种症状。如饮食和生活习惯的不规律导致人们普遍肾气虚弱，不能上达手心；过多的欲望和生活压力又使得人们心火上浮，火在上，水在下，难以相接，导致体内气机紊乱，难以入睡。按摩上面的三个穴位可以很好地缓解这一症状。见上图。

　　另外一个重要的原因就是心神不宁，过多地思虑和计算，导致人们心神涣散，以致睡不着觉，或者睡着了，却频繁做梦。这时候，就要从神门穴和内关穴入手治疗，神门是心经的原穴，即神门是心神的门户，把住了心门，心神自然不会再涣散。而内关是心包经的络穴，是历来治疗失眠的主穴。这两个穴都在手上，伸直左臂，打开左手，以手腕两条横纹为基点，在手腕横纹线的右侧，小鱼际（小手指下面的肌肉）下侧手腕关节的凹陷处就是神门穴；而内关穴则在横纹的中心向手臂三指宽的地方见下页图。每天晚上躺在床上，用右手大拇指的螺纹处在这两个地方各按摩三四分钟，坚持十天半个月，失眠的问题就可以得到救治了。别的穴位一般都要按摩两边，而这个穴，因为

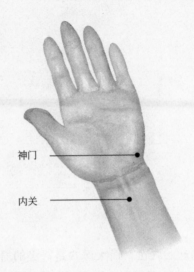

神门 ——————●

内关 ——————●

神门是心经的原穴，内关是心包经的络穴，二者结合，
可以很好地把住心门，让神归心，安然入睡。

心脏在左边，所以，没有耐性的人按摩左边就可以了，睡觉的时候也要向右侧睡，以免压迫心脏。

失眠的原因要真正论起来有千万种，就算是最好的中医也没办法一一对症去开药方，俗话说"心病还得心药医"嘛。如果你是心里有什么特别的事情放不下的话，那干脆别睡了，起来想办法把问题解决了再说，否则再好的内药、外药都拿它没辙。很多人在睡不着的时候喜欢躺在床上翻来覆去。其实，这时候最好的办法就是起来，对自己的身体动手动脚，按摩自己身上的这几大穴位，中医说"勤动脑体不动心"讲的就是这个道理！

逢年过节的时候吃点酸的东西收敛心气，防止心脏病发作

"喜则气和志达，荣卫通利，故气缓矣"。

——《黄帝内经·素问·举痛论》

中央电视台播过的电视剧《大宅门》很多人都看过，在续集里面，有一个情节是白占光在被白玉亭选为财产继承人之后，因为高兴过度而精神失常，见到钱就会去数。在这个金钱至上的社会里，很多人估计会扼腕叹息，说他没有福气。

其实，像白占光这样，因为高兴过度而得病，甚至死亡的现象屡见不鲜。《说岳全传》里面就记载过一个故事，说宋将牛皋将金兀术打倒于地，非常高兴，大笑不已，结果当场笑死。而《范进中举》中的范进因为中了举人，高兴过度而精神失常的故事就更是路人皆知了。成语"乐极生悲"，说的就是这个意思。

很多人觉得这些都是杜撰的，不真实。其实啊，艺术虽然有夸张的成分，但毕竟来源于现实。因为过喜导致身体出现问题还真不是空穴来风，它是有医学渊源的。情绪之所以能够作用于身体，最大的一个原因就是气。上文已经讲过，气是人体最基本的物质基础，各种过激的情绪都会导致气的运行混乱。人在过度高兴的时候，身体里面原本正常运行的气，会因为这突如其来的情绪影响，改变原来的走向。就好像厄尔尼诺现象会对大自然造成极大的破坏一样，这种体内气血行走方向的巨大变换，也就相当于自然界中的台风，属于神伤，对身体的破坏是最大的。

每年到了国庆、春节的时候，医院里会增添很多心脏病、心脑血管疾病复发的老年人，新闻媒体在那个时候，也会不断提醒人们，一定要注意身体。可惜，他们只从饮食和休息的角度来说，却不知道，过节的时候，太过高兴也是会影响身体的。

现在年轻人大多不愿意和老人一起住，再加上工作繁忙，也难得回家。老人呢，整天孤孤单单的，孩子都不在身边，精神很失落。这一放假，孩子都回来了，很高兴，做了一大桌子好吃的。结果这脾胃却消化不了，就要借用原本供给心脏的气，而人在高兴的时候，本来心气就涣散了，还要调用到脾胃去消化食物，自然就会气血不足，心脏病复发也就在所难免了。

所以，老人们一定要给自己的晚年生活找点事做，不要把所有的精神寄托都放在孩子身上。过节的时候，也不要找借口放纵自己的嘴巴，对一些肥腻的食物，还是要少吃为好。当然，最重要的还是年轻人，平时一定要多回家看看，让家里老人的情绪不要起伏太大。古人讲孝道，说："父母在，不远行"。现在的人当然没办法完全按照古人的意思来做，但工作闲暇之余，勤快点，多回几趟家，让老人感受到孩子的这种温情，不至于久不见面而高兴过度就是最大的孝顺了。

人逢喜事精神爽。谁都希望每天都开开心心的，要想将这种情绪控制在一定的范围之内，确实不是一件容易的事情。这时候该怎么办呢？很简单，高兴的时候多吃一些酸味的食物。按照中医的说法，酸味是收敛的，可以凝心神、固心气。心脏病人在夏天和情绪高涨的时候，多吃点酸味的食物，可以很好地收敛心气，不让它涣散过度，保护心脏。《黄帝内经·素问·藏气法时论》认为："心苦缓，急食酸以收之"。而清朝康熙年间名医高士宗所注解的《黄帝内经·直解》一书当中说得更明白："志喜而缓，缓则心气散逸，自伤其神矣，急宜食酸以收之"。意思是心里很高兴的时候，要赶紧吃点酸味的东西来收敛，别让心气涣散太过了。现代医学也一再强调，**酸味食物是心脏病人饮食的总原则。**

这里给上了年纪的朋友推荐一个山楂肉干，既能解馋，还能促进消化，预防心脏病、高血压等老年疾病。具体做法如下。

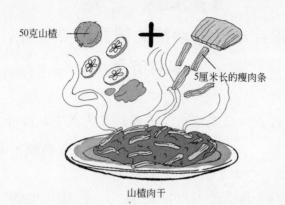

50克山楂

5厘米长的瘦肉条

山楂肉干

**山楂消食收敛，可以凝心神、固心气，夏天和情绪高涨的时候
不妨经常吃点酸的东西收敛心气。**

上了年纪的老人多多少少有一些心脑血管方面的疾病，对肉类往往忌讳过多。其实，只要不太过油腻，偶尔吃几次是没多大事的。这道菜因为加入了山楂，能够很好地开胃健脾，对于平日里忌口多多的老人来说，是一道很好的开胃菜。逢年过节，餐桌上加入这么一道菜，不仅色彩漂亮好看，而且对于老人由于过度兴奋而引起的心气涣散有很好的收敛作用。见上图。

一家人团聚，享受天伦之乐是中国人自古以来最和谐的生活画面，每当这时，准备一点大山楂丸，炒一盘山楂肉干，借助外力的作用，将心气控制在一定的范围之内，不让它过度涣散，也不至于隐忍不发，这不仅是一种生活的智慧，也是爱惜自己的表现！

山楂肉干

先将买回来的瘦肉去筋，洗净备用；然后将山楂洗净，去掉杂质，拍破；姜葱洗净切片备用。

将50克山楂加水适量煮沸，后加入瘦肉煮至六成熟捞出。晾凉后将肉切成5厘米长的粗条。用酱油、姜、葱、料酒、花椒将肉条拌匀，腌1小时，沥去水分。

将锅里放上油，烧热，然后放入肉条炸熟，呈黄色的时候捞起，沥去油。锅中留少许油，将山楂放入略微过油，然后再将肉干倒入锅内，反复翻炒，小火炒干，然后放入香油、味精、白糖和匀起锅。

治疗小儿多动症关键要安心养神，双管齐下

"人生十岁，五脏始定，血气已通，其气在下，故好走"。

——《黄帝内经·灵枢·天年篇》

这是一名已经确诊为多动症的患儿，我在与他的父母交谈的时候，他也一刻没有闲着，东跑跑西看看，这里摸摸，那里瞧瞧。小家伙长得虎头虎脑，非常可爱，因为这个病，才上了半年学，学校就让家长领回家了，说治好病以后再复学。这样一个是疾病不似疾病的问题让他的父母愁眉苦脸，做母亲的更是频频掉泪，说这么小的孩子不上学怎么行呢？去看了西医，也吃了一段时间的药，结果非但没见起色，孩子还经常头痛，而且变得不爱吃东西了。经人推荐，他们来到我这里，希望通过中医，在副作用最小的情况下治好孩子的病。

我看了看孩子的舌象和脉象，舌质淡红，尖边红、苔薄黄，脉弦，是很典型的肝阳上亢症状。小儿多动症在中国古代被称为阳盛，《素问·生气通天论》说："阴平阳秘，精神乃治"。也就是说，人体一切的生理和心理活动都是阴阳平衡的结果。"阴在内，阳守也；阳在外，阴之使也"；又说"阴静阳躁"，如果阴阳失衡，阴不制阳，阳浮于外，就会出现躁动症状。

体内阴阳失调会导致脏腑功能异常，就小儿多动症而言，和心、肝、脾、肾等器官的关系最为密切。**心藏神，心气不足就会显得比较笨，接受理解事物的能力很差，学习成绩也不会好；而肾藏志，肾阳不足，人就会比较迟钝；肾气不足，还会导致肝阳偏亢，水不涵木就难以集中注意力，小动作很多；脾是后天之本，是营养精微的来源，孩子离开母体之后，靠的就是脾胃提供的营养来生存，脾**

虚的话，就难以提供足够的气血来滋养肝、肾和心，而且这四个器官又彼此影响，很难具体说是哪个器官的问题，在治疗上，不能顾此失彼。

针对小孩的特性，我给他的父母推荐了推拿加耳穴敷贴的疗法，这种方法不用吃药，没有副作用，也不像针灸会疼痛。小孩的父母听后也很赞同，并表示回家之后一定遵照执行。具体方法如右。

按摩结束之后，采取耳穴贴敷疗法，要分批次选穴：①心、肾、肝、脾、脑、内分泌、皮质下；②心、肾、肝、脾、脑、神门、交感、肾上腺。

将耳朵常规消毒后，选用王不留行籽置于1厘米×1厘米的胶布上（药店也有专门的耳贴卖），贴压在选取的耳穴上，按摩5分钟左右，两组穴位交替使用。按摩完之后，用手指对贴敷处进行按压，力度不

推拿加敷贴

1. 让孩子仰面躺着（可在孩子睡着之后），用食指和中指按揉孩子的百会穴、四神聪穴各1分钟。

2. 再用一指禅偏峰推法（见注1），从印堂推向神庭，往返3次。

3. 用中指的指腹按揉双侧的太阳穴1～2分钟。

4. 用抹法（见注2），从攒竹穴经眉毛上方到太阳穴，往返移动5～7次。

5. 用中指端按揉气海穴、关元穴1～2分钟。

6. 摩腹5分钟。

7. 前面的步骤结束之后，让孩子俯卧，捏脊（见注3）5～7遍，拿（见注4）颈项、肩井1～2分钟。

宜过大，以感到轻微疼痛、整个耳廓皮肤潮红发热为度，每天1次。

我将这套方法教会孩子的家长，他们耐心地记录在本子上，并且拿着我送给他们的经络挂图仔细地看，细心地询问，每一个小细节都不放过。见下页图。

10天之后，他们带着孩子来复诊，虽然时间不长，但孩子的精神状态明显好了很多，孩子妈妈讲，孩子以前不爱吃饭，现在这个问题也没有了。

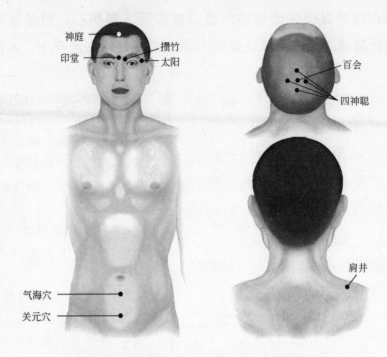

神庭　　　　攒竹
印堂　　　　太阳
　　　　　　　　　　　　　　　　百会
　　　　　　　　　　　　　　　　四神聪
　　　　　　　　　　　　　　　　肩井
气海穴
关元穴

**头部的穴位最能调整人体脑部神经，对于促进头部
的气血运行很有作用。**

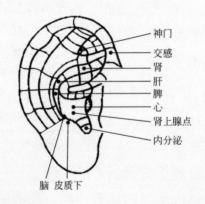

神门
交感
肾
肝
脾
心
肾上腺点
内分泌
脑 皮质下

**身体所有的问题在耳朵上都有反应点，刺激这些穴位，就等于给
五脏六腑做按摩，能够很好地祛除病痛。**

　　上面的方法看起来复杂，其实很简单。只要坚持两天，摸熟了，
再操作起来就很容易了。"一开始孩子还喜欢乱动，我就告诉他，这
是在做一场游戏，只要他能坚持不动，就会有一个小小的奖励"。孩

子的妈妈说，"孩子也乐在其中，觉得好像是妈妈在和他玩游戏，爱抚他，人乖巧多了"。

大概过了一年，再次碰到那对夫妻带着他们的孩子。我们说话的时候，孩子很乖地在一旁站着，听他爸妈讲，如今他已经复学了，并且学习成绩很不错。"以前，我们是三天一小吵，五天一大吵，总觉得孩子还小，不会受到什么伤害。直到医院确诊孩子为小儿多动症，我们一下子蒙了，以后光想着把孩子的病治好，两个人的心反而靠近了，家庭纷争也少了很多。偶尔想起以前的争吵，都不记得什么事了"。

是啊，现在患多动症的孩子越来越多，这除了和父母的体质，孕期的营养有关之外，更多的是和孩子出生之后的家庭环境有很大的关系。年轻的爸爸妈妈们关系不和睦，经常吵闹不休，对孩子的调皮不打则骂，幼小的孩子，各方面的发育都不健全，在这种异常氛围下长大，难免会因为恐惧、缺乏安全感、忧虑等过多的负面情绪伤害到脏腑，再加上先天禀赋不足，出现各种各样的疾病症状也就不足为奇了。

治病要治本，除了按照上面的方法给孩子进行调养之外，父母的态度也极为重要。如果父母对孩子缺乏耐心，会助长孩子自卑、悲观失望的负面心理，让康复难上加难。所以，对于孩子的疾病，最好保持一份平常心，只当孩子调皮蛋，多一分爱心，多一分耐心，相信在父母的拳拳爱心之下，所有的孩子都能够健康茁壮成长。

【注1】

一指禅偏峰推法：将手握空拳，拇指伸直，盖住拳眼，腕掌悬屈，用拇指的指端、指腹和桡侧（大拇指向外一侧）偏峰面着力于穴位上，运用手腕的横向来回摆动带动拇指关节的屈伸活动，使功力轻重交替、持续不断地作用于经络穴位，一指禅推法每分钟推动频率一般为120～160次。

【注 2】

抹法：单手或双手拇指罗纹面紧贴皮肤，做上下或左右往返移动，频率越快越好，称为抹法。

【注 3】

捏脊：沿着督脉的循行路线，从后背腰部正中的长强穴至大椎穴，用双手的拇指和指食在孩子的背上进行捏提，在捏脊的过程中，用力拎起肌肤，称为"提法"。每捏 3 次提一下，称"捏三提一法"。如果孩子实在怕痛，可捏 5 次提一次。

【注 4】

拿法：用拇指和食指、中指或其余四指相对用力，提捏或揉捏某一部位或穴位，称为拿法。

健忘的时候，做做手指操比冥思苦想更有效

> "心者，君主之官也，神明出焉"。

> ——《黄帝内经·素问·灵藏秘典论》

2004 年严顺开、洪剑涛主演的小品《讲故事》中讲：爷爷对几十年前捡到粮票的事记得清清楚楚，反反复复地跟儿子、孙子讲，听得他们耳朵都长茧子，倒背如流了，爷爷却还在一遍又一遍地重复。不知道大家在捧腹大笑的同时，有没有几许异样的情怀？

很多人对这样的事情见怪不怪，谁家没有老人呢，有哪位老人不是这样的呢？其实，虽然说衰老是自然规律，但如果能够掌握一些规律，好好地调理，到了老年，耳聪目明，幸福健康地生活也并不是不可能的事情。

我曾经见过一位老人，80 来岁，满头白发，但老人精神矍铄，耳不聋眼不花，跟我们交流起来，滔滔不绝，思维清晰丝毫不逊于年轻人。我满怀虔诚地跟老人请教，结果老人哈哈大笑，说："哪里有什么特别的方子啊，就是平常多活动活动，看看书看看报。和大家的生活没有两样"。我看着老人爽朗的笑容，不禁有几分欣喜，如果每位老人都有这样的精神状态，那么就算进入老龄社会又有什么关系？趁着这几分沉醉，我继续对老人"纠缠不休"。

敌不过我的死缠烂打，老人这才说出了他的"秘诀"，"刚退休那会，无所事事。我呀，也一度很健忘，每天都精神恍惚。后来是女儿孝顺，给我订了一份健康报纸，我每天没事就看，后来看到里面有一段文字，说人老了如果不用脑子的话，时间久了会得老年痴呆，最好能多多活动手指头，做些精细活，这样能够很好地锻炼大脑，防止衰老。我老家是陕西的，你知道，那里的剪纸艺术天下一绝。我思来想去的，要动手指头，学学那玩艺儿再好不过。所以，就买了剪纸的书、剪刀，慢慢琢磨起剪纸来了。别说，这以后，时间好打发了，人也精神多了"。

"动手指头治健忘，提神醒脑"。我顿时恍然大悟，这么简单的方法以前怎么没有想到呢？**健忘有很多原因，心脾气虚、心肾不交、肝郁血淤等都有可能引发健忘，但终归起来最主要的一点还是心的问题。**老年人身体衰弱，气血不足，心、脑器官得不到滋养，本身就会引发各种各样的问题，再加上一生经历风雨无数，闲下来时，难免思前虑后，将过去的事情反复回想（这也是为什么老人可以将过去的事情记得那么清楚，却记不住眼前事的原因），又没有人可以倾诉，郁结在心，怎么能不出问题呢？

手指头看似微不足道，却十指连心，两手的指端是人体 6 条经络的起始点，肺经、大肠经、心包经都源自这里。而且，十指的指腹都是穴位，中医叫做"十宣"穴，最能开窍醒神。老人在家里，心情压抑，难以宣泄，"十宣"穴就是最好的发泄功臣了。不仅如此，在指甲旁还有井穴，《灵枢经》上说："病在脏者取之井"。《难经》上说："井主心下满"。也就是说，心的问题首先要找井穴。所以啊，千万别小看了手指头。

动手指头，不仅刺激了手上的众多经络穴位，最重要的是，它符合了中医最重要的一个养生之道——**"勤动脑体不动心"。**大家都知道，女性是最容易心情抑郁的，可是她们却往往比男性长寿，而且相对老年痴呆也少一些，为什么呢？可能大家想不到，有一个最重要的原因就是她们的手指灵活，喜欢干一些精细活，闲着没事就拿起毛线在那里编织。想想看，干这个活的时候，人哪里还有心情去想别的，一想别的，就会织错，很好地控制了你胡思乱想。

要说起来，动手指头的方法很多，看电视里面，不也有很多老人手里抓着两个核桃在那里转吗？我这里再给大家介绍一个更简单的方法，只要一根绳子，而且绝对可以很好地刺激手上的穴位，具体方法如下。

对于解绳操，可能很多人脑子里会冒出一句话：真是闲得没事干。确实，老年人，辛苦了一辈子，好不容易退休了，可以享享清福了。子女都希望他们可以坐在家里，享受一下。可这享受难道就是坐着不动，衣来伸手，饭来张口吗？不是的。对老人而言，衣食无忧，身体健康，有事可做，甚至还能发挥一点余热，这才是人生最大的幸福。没事的时候，学习一两样动手的事情，如雕刻、绘画，甚或是晒晒太阳，做做解绳操，让手指头带动头脑的运转，让自己一生健健康康，活到天年，还有什么比这更享福的呢？

解 绳 操

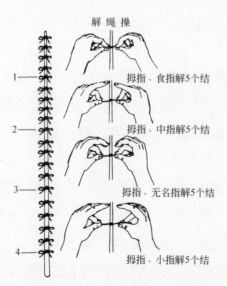

1—— 拇指、食指解5个结

2—— 拇指、中指解5个结

3—— 拇指、无名指解5个结

4—— 拇指、小指解5个结

十指连心，指头在动的时候，心里平静如水，气的运行就会井然有序。

更年期兼心气郁结的女性，首选甘麦大枣汤

"七七任脉虚，太冲脉衰少，天癸竭，地道不通，故形坏而无子"。

——《黄帝内经·素问·上古天真论》

"不知道怎么回事，我现在走两步路就觉得心慌慌的，喘不上气，有时候，什么事都没有，就觉得心里堵得慌，非常痛苦，时常想哭，而且还经常头晕"。坐在我对面的是一位 50 多岁的女性，保养得很好，却一脸的落落寡欢。

我看了她的舌象和脉象，舌淡红，苔薄白，脉细弱，似有心脾两虚的症状，问她的饮食睡眠，大小便，都属正常，想来是心中有事郁结所致。

"你这病不在身体里面，而在心里面"。我看着她的眼睛。

话刚说完，她的眼圈立马红了。

原来，半年前，她发现相伴 20 多年的老公有了婚外情。虽然事发之后，老公断绝了恋情，回到了家里。但她这心里，时不时地还觉得难受。近来便经常出现这心慌气短、头晕的现象，看到什么都心有凄凄。"结婚几十年了，我们一直相敬如宾，恩爱有加，周围所有的人都羡慕不已。我做梦都没有想到，他会这样"。说到这话的时候，她已经痛哭流涕。

女人是一个敏感的群体，尤其是关乎感情的事，在她们的眼里，感情比生命还重要。遇到这种事情，如果不能很好地发泄出来，郁结在心中，心慌气短还是轻的，重的很可能导致癌变。这类问题也是最难解决的。心病还得心药医，自己如果想不开的话，旁人说再多的安慰话也是白搭，所以我没有安慰她，只是时时点拨几句，让她将心中的痛楚发泄出来。

哭了好半天之后，她肿着眼睛对我说："太失礼了。这半年来，我总有这种想哭的感觉，时不时就眼泪哗哗的，自己也说不上来为什么"。

遇到这样的事情，任谁都会伤心难过。悲哀忧愁集结心里，怎么能不出现问题呢？《灵枢·口问篇》中说："悲哀忧愁则心动，心动则五脏六腑皆摇"。**心里时不时想起这不开心的事情，必然会导致心气不足，神虚力乏，肝肺脾胃都会因之受影响。心气足则能爱，心气虚只能悲凄，看到什么都觉得悲哀、心痛。所以，在治疗上，最重要的是静养心神，补足心气。**

我给了她一款最经典的方子：**甘麦大枣汤**。这是汉代名医张仲景所著的《金匮要略》中最常用的方子，专治女性更年期症状。方中说："妇人脏燥，喜悲伤欲哭，象如神灵所作，数欠伸，甘麦大枣汤主之"。这位女性处在更年期的当口上，生理在承受着急剧的变化，再加上心里的痛苦放不开，心情变化无端，补心养神是当务之急。这款汤剂中的小麦是养心液的，而且还能和肝阴，有消烦止汗的功效；甘草泻心火，大枣补血，调和脾胃。甘麦大枣汤是以心为主，兼和五脏的上上君药。

她听了我的话却将信将疑："我知道我这是心病，这药能有用吗？"

"这些药可以调动你体内气血的正常运行，修复受损的器官，在你的情绪出现异常时，能够更加强有力地抵抗，不至于气机紊乱，更大程度地伤害脏腑。但要想彻底地解决问题，关键还在于你自己，若是心事放不下来，纵是华佗再世也无能为力啊"。甘麦大枣汤的处方如右。

半个月之后见到她，精神明显平静了很多。我想这其中当另有功课，否则难有此等效果。

甘麦大枣汤

18克小麦，12克炙甘草和9枚大枣，将这三味先用大火煮沸，再用文火煎煮至小麦黏稠，取煎液两次，混匀饮用。早晚各服一次，连服15天。

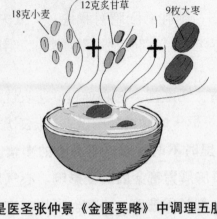

18克小麦 + 12克炙甘草 + 9枚大枣

甘麦大枣汤是医圣张仲景《金匮要略》中调理五脏的上上君药，
对于治疗女性心气郁结效果最好。

果然，她说，每次服用汤药的时候，都有如鲠在喉，想要哭泣的感觉。后来听从一位朋友的劝慰，每服药之前，念几遍心经，直到心情平静下来，才服这药。半个月下来，不仅心慌气短、头晕的现象不见了，现在连心情都平复了很多。

人的一生当中，坎坎坷坷，历经无数。这个过程就是一个打磨心灵的过程，将性格中的一些不平，一些浮躁，一些棱角都磨平了，修炼成一个圆润、通融、豁达、拿得起放得下的人，这是人生的追求。甘麦大枣汤将体内的邪气、毒素以及各种受损的脏腑修复了，让这些器官"美其食，任其服，乐其俗，高下不相慕"；而《心经》的反复吟诵让人烦杂的情绪回复平静，双管齐下，谁又能说这不是医治身心的上佳方式呢？

突发性耳聋，要及时刺激内关穴来理气安神

> "十二经脉，三百六十五络，其血气皆上于面而走空窍。其精阳气上走于目而为睛。其别气走于耳而为听。别气者，心主之气也"。
>
> ——《黄帝内经·灵枢·邪气脏腑病形》

一大早便有人等在诊室，说是左边耳朵听不见声音了。神情很着急，一脸的焦虑、恐慌。"昨天还好好的呢，今天一大早醒来，老婆跟我说话，就发现左边耳朵听不清楚。也不知道怎么回事"。还没等我坐稳，对方就忙不迭地诉说病情了。

"你这段时间感觉身体有什么不对的地方吗？"我看看他，40来岁的样子，脸色没什么不对，给他做了一下检查，没发现什么器质性的病变，估计是心理压力造成的。

"没有，就是前段时间工作比较忙，有点累，其他的都好"。他努力回想，"昨天我们一个项目竣工了，和几个同事一起去庆祝，喝了点酒，晚上回到家里，老婆很不高兴，跟她吵了一架。早上起来就这样了"。

果然不出所料，这是由压力过大、情绪过激引起的突发性耳聋。**心主血脉，心脉络于耳，心气充足，血液才能正常运行，营养全身。心与耳就是通过这根血脉相联系的，如果心火旺盛或者心神紧张，心肾失调，水火不济，血液无法上行浸润耳脉，听力就会出现问题。**《古今医统》说："心虚血耗，必致耳鸣耳聋"。原理就在这里。

所以，治疗的关键就是养心安神，通阳开窍。我让他坐下来，用先泻后补的方法针刺他双手上的内关穴，同时让他配合呼吸，鼓气。没过几分钟，再跟他说话，听力已经恢复了很多。"这是什么穴，怎么这么有效?"

我告诉他,这是内关穴,有名的八脉交会穴之一。心主神明,统领五脏六腑,就好像是身体的帝王,轻易是不受邪的。所以,在它的旁边有心包经围护于外,以保护心脏。但凡心出现问题,找心包经准没错。内关穴是心包经的络穴,在手腕正中,我们伸出手,会看到在手腕上有两条皱纹,就在皱纹上两寸的位置,与两条肌健之间就是内关穴。这个穴是疏通经络,治疗心包经问题的首选大穴。当情绪过激,气机阻滞,心神出现问题的时候,按摩内关穴,可以很好地安神调神,理气开窍,活血散淤。见下图。

因为内关穴安神,治疗突发性耳聋的效果很好。有人曾作歌诀说:"**耳聋突发病严重,皆因大怒或惊恐。气血逆乱经脉阻,清窍被蒙成此症。针刺双侧内关穴,先泻后补记分明。并令患者鼓耳气,气顺血和耳窍通**"。

一般人对于针灸可能会有恐惧感。如果发现听力有问题的话,一定不要惊慌失措,那样只会加重病情。实际上,有一半的突发性耳聋是可以自愈的。当然了,这不代表可以不问不闻,心存侥幸。这时候,可将食指弯曲,在内关穴上用力按摩,每侧 3~5 分钟。按摩之后,不见恢复的话,要及时去医院,接受医生的治疗。突发性耳聋只要治疗及时,是可以恢复听力的,完全不用惊慌。

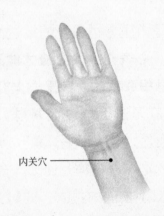

内关穴 ————

内关穴是有名的八脉交会穴之一,是治疗心包经问题的首选大穴。

《灵枢·邪气脏腑病形》云："十二经脉，三百六十五络，其血气皆上于而走空窍……其别气走于耳而为听"。意思是说，五脏六腑，十二经脉的病变都有可能导致耳部出问题。所以，历代医家都非常注意耳朵，有耳诊、耳疗之说。

在引发耳朵病变的问题当中，以心、肾为首，"肾开窍于耳，心寄窍于耳"，如果心肾不交，气都浮于上面的话，极有可能导致耳聋、耳鸣。所以，在日常生活当中，除了按摩内关穴，刺激心包经气血运行以外，也可以通过一些手段来促使心肾相交，促进肾水上行，将浮于上身的火气拉下来，防止心火过度上炎而出问题。心肾相交，很多人都知道用手心搓脚心有这个效果，其实还有更简单的办法，那就是按摩听闻穴，具体的办法如下。

中指的指尖是心包经的井穴，属于心，耳朵眼属于肾。常期这样按摩，可以促使心肾相交，水火相融，保护心脏不受伤，补充日益丧失的肾气。尤其是上了年纪的老人，长期坚持，不但能够填精护肾，保持听力，还有降血压的作用。

按摩听闻穴

将两只手的中指尖插进耳朵孔里面去，然后轻轻地在里面转动，动作要轻柔、舒缓，像小虫子蠕动一样，转动二三十秒以后，突然将手指向外迅速拔出，反复做上5次左右。

"耳聪目明"一直是人们用来形容某个人机灵、聪明的词汇。其实，这不仅仅是一种生理状态，也是智慧的表现。一个人，若是动辄发火，点滴小事都记挂心头，因为不相干的小事打乱自己体内气血的正常运行，他又怎么可能眼明心亮，耳聪目明呢？人的一生，是是非非，历经无数，遇到事情的时候，若能暂时性的"耳聋"。或许这一生，就再也不会经受耳聋的困扰了！

心理放松法让高血压患者永葆平和的心境，血压不升高

"夫邪之生也，或生于阴，或生于阳。其生于阳者，得之风雨寒暑；其生于阴者，得之饮食居处，阴阳喜怒"。

——《黄帝内经·素问·调经论》

现在医学界有一个新名词叫做"心身医学"，意思是说，在治疗疾病的过程中，除了要用生理学等各种方法之外，还要用到心理学的方法。其实，这也就是中医的情志学说，《黄帝内经·素问·上古天真论》中说："**形与神俱，而尽终其天年，度百岁乃去**"。意思很明了，就是说身体和心理都很健康的话，就能够健健康康地活到天年。

可是，一直以来，我们都过度地注意身体，而忽略了心理。就好像我们注重物质，而忽略了精神一样。走了一大圈之后，才发现原来后者也非常重要。谁都知道情绪不稳对身体健康非常不好。可不好到什么程度，大家就没个概念了，似乎情绪伤身只是用来劝慰人的一句话。我有一位朋友，医学博士，现在一家有名的中西医结合医院工作，曾经讲过一个案例。说他们医院有一回接诊了一个病人，70 来岁，有 20 来年的高血压史。本来一直控制得还不错，结果，过年的时候，心里很高兴，禁不住诱惑，跟几个老友一起打起了麻将。没想到，打了几圈之后，一个七对自摸让他的血压即刻升高，一下子就晕倒了。结果，本来挺喜庆一个节日，硬是在医院里度过了。这让他后悔不迭，说这辈子都不再打麻将了。

其实也是，你说人这一辈子，干啥不好呢，非要在麻将桌前度过？我那位朋友自从出了这个事之后，就将研究的方向放到了心理学上。据他的研究，要控制高血压病最重要的就是放松心情。现在高血压患者的年龄越来越低，一个重要的原因就是压力太大，情绪太紧张。那些去医院救治的病人，只要心情一放松，血压很快就能降下来，而且屡试不爽。所以，他苦心研究了一段时间，琢磨出一个放松心情的方法，称之为"心理放松法"。见下页图。

这套"心理放松法"任何时候都可以做，退休在家的老人，早晚饭后两小时各做一次，可以让身体和情绪很好地放松下来。

有人可能不太相信，高血压是什么病啊，几个简单的呼吸就可以解决了？这个问题得辨证施治，就高血压来说，它是非常明显的"心身疾病"。临床发现，高血压患者日常所承受的压力大多比较重，所以，很多人将高血压称做"精神压力病"。现在卫生条件、医疗技术都先进了很多，可是疾病却一点都没少，这是为什么呢？很重要的一点就是压力。太大的压力让人心情压抑、情绪委靡，久而久之就投射到身体上，形成各种生理疾病，包括癌症。现在很多科学家都在研究它和情绪的关系。可见，心理因素对身体的影响有多大！

心理放松法

1. 晚上睡觉前，换上宽松的衣服，找一个舒适的椅子，先静坐5分钟，调整好姿势，注意呼吸，让全身处于放松状态。

2. 坐好，双脚着地，膝关节弯曲成直角，两腿自然分开与肩同宽，双手自然平放在大腿上，一切的姿势都要求自然放松。

3. 调整呼吸，用鼻吸气，使清气下行到丹田。然后再慢慢从口中将浊气吐出，如此反复循环。呼吸吐纳要和全身放松配合进行，在呼吸的过程当中，要让自己的身体逐步放松下来，顺序从头到脚，先放松颈胸腹，然后到四肢。

4. 放松法结束后，应慢慢活动一下，双手相搓，按摩面部，轻轻拍打四肢，不要马上做剧烈活动。

所以，治疗高血压，光靠药物，效果是很微小的。如果辅以心身治疗，可以说是事半功倍。上面的这套放松法就是针对每天为了各种事情烦乱不堪的人们量身定做的，尤其是高血压患者。像本文开头说的那位患者，本来控制得不错，结果一激动，前功尽弃了。

本来，人年纪大了，气血生化能力不足，就有些气虚血虚，难

高血压患者最忌讳紧张，情绪激动，除了常规治疗之外，心理放松也是一个很重要的方面。

以滋养五脏六腑，这时候，再因为情绪的波动造成气机紊乱，气血失调，血压波动就更大了。所以，经常做做这套"心理放松法"，通过意念将气息调整到一个正常的状态，可以很好地调节血压。据我的朋友介绍，很多原发性高血压患者，发病初期不吃药就练这套"心理放松法"，也很好地将血压控制了下来。

所以，他逢人就推荐这套"心理放松法"，说："作为一名医生，最重要的是治好病，何必管它是中医还是西医，门户之见太重只会束缚自己的思维，且对身体不利"。其实，养生、治病又何尝不是如此，不管是哪门学术，艺术也好、哲学也罢，只要能够为身体所用，让我们的身体更加健康，生活更有质量，心胸更加开阔，又何必在意是什么方法呢？

神经衰弱不烦恼，耳穴贴压疗效显奇效

"是以圣人为无为之事，乐恬淡之能，从欲快志于虚无之守，故寿命无穷，与天地终，此圣人之治身也"。

——《黄帝内经·素问·阴阳应象大论》

在找我看病的白领人士当中，十之八九都有神经衰弱的症状，他们稍微有点动静就睡不好觉，饭也吃得少，今天这儿痛，明天那儿难受，自己痛苦不说，还弄得周围的人都跟着过不上舒坦日子。

我们家对门的张姐曾经有段时间就那样，她在一家国企单位从事人力资源工作。国企的工作相对而言不是太辛苦，福利待遇也好。小孩读初中了，很听话，学习成绩也好。按说，她的生活应该是很舒适的，没什么问题才对。

结果，就因为单位里传言说效益不好，得下岗一批人。她就着急上火，天天提心吊胆，最后出现了上述的症状。她倒好，天天在那里嘀咕、折腾，把她爱人给折磨得受不了，跑来找我，一定要我开个方子，让她"消停消停"。

其实，中医里面是没有神经衰弱这个说法的，这是西医的说辞。不过，神经衰弱的症状和中医的郁证、梅核气、脏燥、头痛、失眠等症状很接近，属于这个范畴。如果心、肝、肾、脾等脏腑功能失调，压力过大，思虑过多，就会直接伤害脾脏和肝脏，脾的运化能力不足，其他的脏腑就得不到足够的营养支持而出现气虚，心气虚、肾气虚都源于此；肝藏血，肝脏受伤，血液就会出问题，肝血不足，最直接的症状就是心烦、易怒。而且肝藏血的功能不足，心血也会失于调养，从而出现各种心神问题，综合表现出来就是神经衰弱。

治疗上，一定要以心为主，兼顾脾、肝和肾，因为"心藏神"是心理问题的关键点。调心，最重要是宁心安神，元神归心，以防心神涣散，出现各种问题。鉴于张姐面临下岗的压力，必然要在工作上更加努力上进，不能请假医治，所以我选取了耳穴疗法，既不会耽搁时间，还能自己治疗，且不易为人发现。

在耳朵上选取神门、枕、皮质下、心、肾等主穴点，外加肝、胆、脾等配穴，将耳朵常规消毒后，将粘有王不留行籽的耳贴贴到这些穴位上，两耳交替贴压，每天自行按压3～5次，每穴压3～5分钟，按压的时候，稍微有痛感是很正常的现象，按到耳朵有麻胀、发热的感觉为宜，3～4天换一次药，换一边耳朵，10次为一个疗程，一个来月可以见效。见下图。

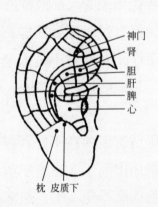

神门、枕、皮质下、心、肾等主穴宁心安神，肝、胆、脾调理脏腑，综合治疗神经衰弱。

可能有人觉得心理压力造成的疾病，用耳朵来治疗，这也太不靠谱了。其实，这利用的还是中医的经络原理。《内经·灵枢·口问篇》中说："耳者，宗脉之所聚也"。意思是说耳朵是经脉聚集的地方，与脏腑经络有密切的联系。现代全息生物理论将耳朵分成若干个区，心、肝、脾、肺、肾都可以在耳朵上找到相应的投射点，这可不是空穴来风。在我们上面介绍的方法中，所有的主穴都有镇静的作用，**"心穴"可想而知，是有安定心神功效的；"神门"穴是镇静止痛的；**

"皮质下"是调节大脑皮质层过于兴奋的；"枕穴"也是镇静安神；而"肾穴"主要的目的就是补肾填精，让人精力充沛。 其他的几个配穴主要是用来调节肝、胆、脾等几个相连脏腑。这些穴位综合起来，可以很好地调节人体经络脏腑，宁心醒神，让身体恢复健康状态。

耳贴主要的作用是疏通经络，调理气血，可以说是"内调"的方式。这时候，如果再加上"外补"的作用，双重作用下，效果会更好，而且还能够一并扫除其他的一些小毛病。所以，我给刘姐还推荐了一款桂圆芡实粥，具体做法如下。

桂圆芡实粥保证有很好的疗效。这些材料都有极好的养颜滋补效果，配在一起，又额外多"内调"功效。对于中年人因为压力而导致的心疲神乏、神经衰弱实在是再好不过了。

桂圆芡实粥

取20克的桂圆肉、20克的芡实和100克的糯米，外加15克酸枣仁，一起煮成粥，吃的时候用蜂蜜来调味。每天早上当早餐，吃上一个月。

说一千道一万，耳穴也好、药膳也罢，都是生活的辅助品，如果你一边贴着耳贴、吃着药膳，一边还死活不肯放下心来，纠结在死胡同里，那就算是太上老君的灵丹也无法让你身心安宁。有时候，想开一点，不要去想太多昨天和明天的事，过好今天，过好当下，就算是拥有大智慧了！

心慌、头晕的时候按摩劳宫穴，
让心"回家"养养神

> "怵惕思虑则伤神，神伤则恐惧，流淫而不止。悲哀动中者，竭绝而失精；喜乐者，神惮散而不藏；愁忧者，气闭塞而不行；盛怒者，迷惑而不治；恐惧者，神荡而不收"。
>
> ——《黄帝内经·灵枢·本神》

骄阳似火的六月，是莘莘学子和老师们最紧张又翘首以待的日子。一位特级女教师神情忧虑地找到我，说这段时间心情很烦躁，睡不好觉，吃不好饭，胸口发闷。好几次在教室里心跳很严重，把学生都给吓着了。去医院做心电图，说是心肌缺血。

我给她看了看，舌淡苔白，脉细缓，很典型的心脾两虚症状。《黄帝内经》中说："心痹者，脉不通，烦则心下鼓，暴上气而喘，嗌干善噫，厥气上则恐"。意思是说，心痹的人，血脉不通，容易心烦，气喘，咽喉干燥。中医没有明确的"心悸"一说，但这里的心痹与心悸症状大同小异。引起心痹的原因有很多，但最重要的一点还是离不开心，心情郁闷，心失所养，心气不足，都会导致心痹。

这位女教师几十年来呕心沥血，诲人不倦，难免心失所养，积下一身的疾患。现在到了更年期，气血大调整，气血的不足就会非常明显地显现出来，表现出各种疾病症状。其实所有的问题都是以前积累下来的，并非一朝一夕之功。再加上学生们面临高考，心情紧张，思虑过多，出现失眠、心烦意乱等情况就太正常不过了。

前面说过，心包经是代替心脏主持问题的，心的问题首先就找心包经。《黄帝内经·灵枢·邪客》中说："心者，五脏六腑之大主也，精神之所舍也，其脏坚固，邪勿能容也。……故诸邪之在于心者，皆在于心之包络"。意思是说心脏受邪，问题都由心包经来承受。在心包经上有一个穴位叫劳宫穴，有人将劳宫称做心脏休息的宫殿，确实是简单明确地概括了这一含义。人工作了一天，最想做的事就是回家好好休息。心脏也是这样，日日夜夜不停地运送血液，时间久了也会疲劳，这时候，就应该让它好好休息。所以，**古代医家一直将劳宫穴的主治症状放在神志病以及心病方面，是临床解决神志疾病的常用穴、特效穴。**

　　而且，劳宫穴是十二荥穴之一，《难经·六十八难》说："荥主身热"。意思是说荥穴是最能清热的。女性心悸、心烦总的来说是阴血缺失，心火上炎所致，所以在治疗上一定要补充心血、清泻火热、开窍醒神，而劳宫穴就囊括了这三项功能，可以说是铁人三项的全能冠军。

　　现在很多人都知道这个穴位的作用，如很多老人会在手里拿两个核桃转来转去，刺激劳宫穴；有些白领也知道，在工作疲劳的时候刺激几分钟劳宫穴，提神醒脑……其实，这些都是利用劳宫穴清心火、泄烦热、补心血的作用。

　　劳宫穴在手心，位置很好找，将手握拳，中指尖所指向的位置就是了。见下图。

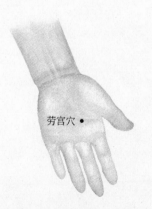

劳宫穴·

劳宫穴有很好的补充心血、清泻火热、开窍醒神功效，可以说是铁人三项的全能冠军。

心包经的工作时间是 19～21 点，也就是我们常说的电视黄金档，这时候最好停下所有的工作，和家人一起看看电视，一边看一边按摩劳宫穴，刺激 10 分钟是最好的。如果用手觉得很累的话，也可以找个钝一点的硬物，如筷子、笔头，但一定不要伤到手。如果这段时间实在抽不开身的话，其他的时间想起来按摩一下，效果也是不错的，只不过打个折扣而已。

症状轻的患者，坚持按摩这个穴位两个月就可以见到效果。但女教师由于工作劳累，用脑过度，还存在脾气虚弱的现象，所以我又额外给她开了一剂归脾丸，以增强脾脏的功能，促进消化，保证营养的供给。

心主神明，是人的情感最主要的管理者，而情感也是人在日常生活中想得最多的一件事。**几乎所有的养生书都会告诫人们，少动心，保持心境平和。**道理谁都知道，可要想做到，对于尘世之人来说几乎是天方夜谭。每天晚上回到家里，好好地按摩一下劳宫穴，就好像为心脏打开了一盏"心灯"，胡思乱想了一天之后，在这温暖的"灯光"之下好好休息一番，又何愁心脏会受到伤害，会因为疲惫、惊恐、紧张或者其他情绪而跳动不停，消极怠工呢？

第三章

肝藏魂，肝是身体与心情的瞭望台

"心藏神，随神往来谓之魂"。在中医里面，肝是随伺在心左右的宰相，心里有什么事，会迅速地反映在肝上，所以我们说肝是情绪的第一接受者，最容易受情绪的影响。心情一旦不好，肝藏血的功能会即时降低。肝无血可藏，心也就无血可主，气血不受心的调动，身体就会在第一时间出现问题。

中医强调"女子以肝为本"，原因就在于女性失血过多，肝脏受损，所以容易胡思乱想，情绪烦乱，这也是女性身体虚弱的一个重要原因。发现自己情绪烦躁的时候，不妨从养肝血入手；感觉身体疲惫不堪的时候，也可以静下心来，调适一下自己的情绪。二者相辅相成，互相影响，这中间，只因为有"肝"在左右。

90％的头晕症状都可以从肝上
找到根源

"大怒则形气绝，而血菀于上，使人薄厥"。

——《黄帝内经·素问·生气通天论》

曾经应朋友之邀，参加一个商务酒会，酒会是以自助的形式举办的，场面很气派，也很舒适，尤其是当中的女士，真的是花香鬓影，美不胜收，即使是我这样的"老夫子"身处其中，也觉得眼睛不够使。

正坐在那里慢慢欣赏时，一位女士在朋友的搀扶下坐到我的对面，"老朋友，这下就看你的了，这位徐小姐可是我生意上重要的合作伙伴，今天特意从新加坡赶来参加这个酒会，没想到突然觉得头晕目眩。你帮着瞧瞧吧"。

我走过去，让她仰靠在椅背上，发现她面色发红，舌红苔黄，脉弦细数，很明显的肝阴不足的症状。我估摸着她可能有强烈的完美主义性格特征。细问下来，果不其然，她说自己做事总是要求尽善尽美，容忍不了自己身上的一点缺点，事情没达到自己满意的地步就很烦躁，时时担忧紧张，害怕做不好。身边的朋友也时常说她个性固执、倔犟，不达目的不罢休。

说到这里，我基本知道是怎么回事了。**中医说"诸病于内，必形于外"。头痛只是一种表面症状，真正的原因还在脏腑之中。这个脏腑就是肝，头痛和肝的关系最为密切，包括高血压所致的头痛眩晕也要从调治肝脏上着手。**"肝藏血"，女性是最容易缺血的群体，本身就很容易因为经、孕、产等因素缺血而使得肝脏保养不好，如果性格上再急躁易怒，对自己要求过高的话，很容易血不养肝，导致肝阳上亢而头痛眩晕。

　　我将这位女士带到一个僻静背光的地方，依次给她按摩百会、风池、太阳、太冲和阳陵泉穴。百会和太阳穴相信大家都知道，百会穴在头顶，从两边耳朵向上，在头正中线交叉的地方就是，这个穴是人体阳气聚集的地方，按摩它可以振奋人体的阳气，清热开窍。

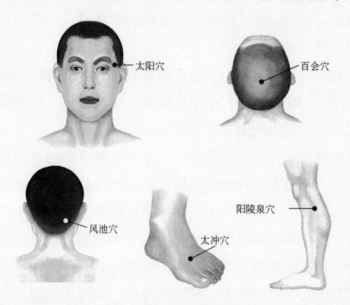

太阳穴　　　　　百会穴

风池穴　　太冲穴　　阳陵泉穴

头痛的原因有很多，风寒外袭、风热犯上、肝阳上亢、气血亏虚、痰浊蔽阻、淤血等都有可能引起病痛，现代人最多见的就是肝阳上亢，治疗的重点是升发阳气，带动全身的气血运行。

55

　　太阳穴在武侠小说中是有名的"死穴"之一，《少林拳》中记载，太阳穴一经点中"轻则昏厥，重则殒命"。可能很多人自觉不自觉都在按摩它来治头痛，只不过是只知其然不知其所以然罢了，它就在我们外眼角往额头两侧延伸的地方，很多老人头痛的时候就按揉那里，其实就是在按摩太阳穴。

　　风池穴是胆经的穴位，位于脑后，在枕骨之下，耳后发际下凹窝中，与耳垂齐平。《灵枢·热病篇》中说："风为阳邪，其性轻扬，头顶之上，惟风可到……主中风偏枯，少阳头痛，乃风邪蓄积之所，故名风池"。肝胆相表里，肝血阴虚，水不涵木的时候，就会出现肝阳亢逆，气火上扰导致头痛。而风池穴最有疏散风邪的功能，所以这时候按摩风池穴能够很好地抑制肝火。而且风池穴与太阳穴是极好的配伍穴位，一起按摩能够很好地清神醒脑。

太冲穴就更不用说了，它是肝经的原穴，但凡肝经出现问题，都可按摩太冲穴来解除病痛。太冲穴在第1、第2跖骨结合部之前凹陷处，也就是从大脚趾和二脚趾的中间往脚背按揉，会揉到一个柔软的地方，那就是太冲穴。

阳陵泉穴是筋气会聚的穴位，按摩它可以温润脾阳，泻除肝胆实火。这几个穴位配合使用，是平息肝火，滋阴潜阳，缓解因为肝阳上亢引起的偏头痛最好的配方。

依次按摩完这几个穴位之后，刚才一直晕乎乎的徐小姐一下子精神抖擞起来，嚷嚷着让我一定要教会她这个办法，说头痛已经折磨了她多年，每隔两个月就要发作一次，每次都要去睡上半个多小时才能缓解。因为这个病，她已经失掉了好几个大顾客，心里悔恨不已。身边很多女性朋友也都有这样的症状，所以也没当回事。

我看着她，精致的妆容，美妙的身材，华丽的礼服，还有成功的事业，真的可以说是集万千宠爱于一身。拥有这些，想来和她的性格中不服输的劲儿有很大的关系。但是，如果心理不能保持平衡状态，点滴的挫折都可以让人精神颓废，而这点滴的负面情绪积累起来，又会造成身体的失衡，如此下去，身体和心理只会日益走下坡路，拥有的再多，又如何感受得到幸福呢？

鼻出血的绝妙偏方：内力外力相结合便可解除肝火上逆

"怒则气逆，甚则呕血及飧泄，故气上矣"。

——《黄帝内经·素问·举痛论》

周日的下午，我刚午睡醒来，就有人敲门，原来是楼下邻居大哥，闺女搀扶着他，他用一块布捂着鼻子，说是鼻子出血了。

我赶紧让他仰面躺下，看他的舌象，舌红苔黄，脉细弦，这是肝火过旺的征象。据他闺女讲，刚刚跟家人大吵了一架，还没吵完呢，突然鼻子大出血。知道是火气上来，可一时之间也不知道怎么办，只好拿块布堵住鼻子，赶紧上来求治。见下页图。

我来不及多说，就拿了一块湿毛巾敷在他的额头上，换了几次水之后，鼻血就止住了。这时候看他脸色也平静了很多，只是一味地唉声叹气。"叔叔，我爸这是怎么回事啊？回头会不会再出血？"大哥的脸色舒展了一些，但转瞬即逝，瞬间又恢复了原先忧郁的神情。听他说："这两年生意很不好做，我天天在外面奔波劳累，就想找个好项目能够挣点钱，让家里人过得好点。可她妈妈总是疑心这疑心那，三天一小吵，五天一大吵"。果不其然，大哥开口就是，"最近一段时间总觉得哪里不舒服，吃东西也没味，嘴巴里苦得很，经常还觉得头晕，胸口也闷得慌，心情也很烦躁。老弟，你帮我看看，是不是得什么病了？"

大哥是个责任感和自尊心都很强的人，轻易不向人诉苦求助。这回能够向我开口，想来这两年刺激确实是挺大的。**中医说，郁怒伤肝，郁闷和发怒都容易伤害肝脏。而肝主疏泄，肝脏受伤，又会导致人体调节情绪的能力下降**，悲者更悲，怒者更怒，如此一来，只会造

**肺经热盛、胃火炽盛、肝火犯肺、肝肾阴虚、脾不统血等都有可能引发
鼻出血，大怒而出血的往往是肝火上逆所致，这时候除了使用敷湿毛巾
的方法之外，还可以按摩太冲穴泻肝火。**

成更严重的恶性循环。大哥 40 多了，身体机能已经处于下降的趋势，再加上事业不顺，难免郁结于心，不得开怀。肝已经很受伤了，今天的流鼻血，表面看起来是吵架导致火气上升，其实根源在于肝脏，如果肝脏没有问题，藏血的功能很好，就不会这么轻易地流鼻血了。

要想让流鼻血的症状以后不再出现，最重要的是清肝泻火，让肝脏的疏泄功能得到恢复。如果用药的话，**龙胆泻肝汤和栀子清肝汤**都是不错的选择。但是，我一向不喜欢用药，因为身体的调理有它自然的过程，强用药物介入的话，或许见效会更快，但同时也会不同程度地破坏身体其他的机能，所以我给大哥推荐了**夏桑菊冲剂和按摩太冲穴**。太冲穴我们在上文中已经讲到，是最能引肝火下行的一个穴位。而夏桑菊冲剂是一种清凉饮料，其中的夏枯草、野菊花、桑叶三味药都具有很好的清肝明目、疏风散热的功能，平时火气大，经常头晕眼痛，或者体质偏于阴虚火旺的人可以拿来泡茶喝。

大哥肝热火旺，所以我让他加大剂量，每天喝三次，每次冲1～2包，这样喝上一个月左右，再配合按摩太冲穴，肝火就可以很自然地平复下去了。比起喝很苦的中药来说，效果好得多，也没什么副作用。

细心的人可能会观察到，我一开始给大哥用湿毛巾敷额头，其实这是一种急救的方法，出鼻血的时候一定要以最快的速度让病人仰面躺下，头微微向后低垂，然后用冰袋或者湿毛巾敷病人的额头或者鼻部两侧的迎香穴，这样可以快速止血，防止病人血流过多。当然，这种方法是用来救急的，如果出鼻血的次数过多，一定要及时上医院寻求专业人士的帮助。因为除了肝火上逆之外，还有很多种原因导致鼻出血，不能粗心大意。

小姑娘将这些都记在了笔记本上，看得出来大哥很感动也很安慰。可惜，他眉眼之中流露出来的忧郁还是一点不见少。其实，一切的外用方法都得建立在主观的基础之上。如果心里不能释怀，肝气还是会时常郁结于心，再强大的外用药又怎么能打开这时时凝结的"心锁"呢？**人生总有低谷和高潮，高潮时要学会收敛心气，低谷时也要坦然以对，只有这样，心气才不会上浮，肝火也不会上炎，那样，身体才能带领我们顺利地走向人生的平坦大道！**

先泻肝火，再喝点猪肺汤，就不怕
肝火过旺引发咳嗽了

"五脏各以其时受病，非其时各传以与之。人与天地相参，故五脏各以治时。感手寒则受病，微则为咳，甚者为泄为痛。乘秋则肺先受邪，乘春则肝先受之"。

——《黄帝内经·素问·咳论篇》

说到肝火过旺导致咳嗽，相信大家都不陌生，在街旁或者电视上，我们经常可以看到这样的情景，一位老人因为什么事跟别人吵架了，很可能会面红耳赤，咳嗽不断。这最重要的一个原因是肝失条达，气郁化火，侵犯了肺脏，导致咳嗽不止。

肝郁化火导致的咳嗽有一个最有名的偏方就是**黛蛤散**，传说宋徽宗的宠妃咳嗽很严重，晚上睡不着觉，御医面临杀头之际，从一个陌生的江湖游医那里买来这味药，治好了嫔妃的病。其实，这个所谓的黛蛤散就是用蚌粉在新瓦上炒红，然后加入少许青黛制成的黛粉散而已。现在药店里也有得卖，买回来加入开水冲着喝就可以了。

吃药当然很好说，但是如果不把问题的根源解决掉的话，疾病还是会频繁发作。引发肝火旺盛的原因有很多，其中很重要的也最容易被忽视的一条就是生闷气和发怒，肝主情志，是受情绪影响最大的一个脏器。就拿我们小区里的王老爷子来说吧，原先看他总是笑呵呵的。可是，这段时间碰见他，笑容减少了很多，咳嗽个不停。

我闲着没事，就准备去他家看看，年纪大了，身体健康可不能。刚走到门口，就听到屋子里隐隐约约传来吵架摔东西的烈的咳嗽。敲开门，老人家还一脸的愠怒，客厅里满是摔碎的玻璃碴子。

原来是儿子不争气，找了好多份工作都干不长，闹着要做生意，结果把家里的一点老本都赔光了。这不，老爷子气得好几天吃不下饭，咳嗽也上来了。我看了看咳出来的痰，还带了点血丝，倒吓了一跳。我赶紧把老人拉到一边给他诊断，只见他面色发红，舌边尖也发红，苔薄黄，脉细弦，看样子是肝火上来，侵犯了肺脏导致的咳嗽，**中医称这样的咳嗽为木火刑金咳嗽，也就是肝木化火加重了肺金的病变，是从五行上来说的。治疗这种病最重要的是泻除肝经的火气，引火下行。**所以我当即让老爷子坐下，给他做穴位按摩，来降火滋阴，先用大拇指给他推揉手肘上的尺泽穴。然后又绕到背部，给老人家按摩背后的肺俞穴，这个穴最好的按摩办法是用鱼际来按揉，基本上穴位周边都有了温热感就可以了。上半身的穴位按摩结束之后，再用大拇指来按摩膝盖上的阳陵泉穴；然后就是肝经上的明星——太冲穴，这所有的穴位都两两相对，左右都要按摩到，每个穴位按摩36次。

这些穴位当中，尺泽穴是手太阴肺经的合穴，属水，对呼吸系统的疾病最有效；肺俞不用说是治疗肺脏疾病的；阳陵泉穴是胆经的合穴，对于人体郁结的肝气有很好的疏散效果；而太冲是肝经的原穴，是引导肝经火气下行的第一穴位。这几个穴位结合起来，可以很好地引火下行，滋养肺脏，疏散肝气，对于治疗肝火犯肺导致的咳嗽疗效是最好的。大概10多分钟下来，老人家明显心平气和了很多，咳嗽也不那么频繁了。见下页图。

其实，人体的经络，尤其是肝经，是对情绪最敏感的经络，需要我们时不时地哄哄它，多用手指头抚摩它几下，它就会不急不躁，不给我们的身体"添乱"。当然，仅仅哄哄它是不够的，如果再给它一点"甜头"的话，这些经络就会尽职尽责地为我们的身体服务。对于肝火犯肺导致的咳嗽有一道猪肺汤是最好的，这就是**栀杏桑白煲猪**

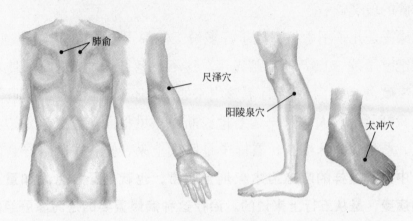

肺俞

尺泽穴

阳陵泉穴

太冲穴

咳嗽多因阴津不足而起，关键是打通经络，让气血润泽过来。

肺，按照中医吃啥补啥的道理，猪肺是最补人体肺脏的。

栀杏桑白煲猪肺

从市场上买回来猪肺，洗净切成片状，然后用手挤掉猪肺气管中的泡沫。再取 9 克山栀子，10 克杏仁，12 克桑白皮，一起放到瓦煲中加水先武火后小火煲熟，喝汤吃肉，也可以作为饭桌上的一道菜品。

这当中，山栀清肝火，桑白皮清肺热，杏仁润肺，猪肺补肺，一起合用，同时兼有清肝火，补肺阴的功效，对于中老年人因为肝火克肺金引起的咳嗽有极好的疗效。

《黄帝内经》说："五脏六腑皆令人咳，非独肺也"。这一点，有咳嗽毛病的人一定要记清楚。很多人一咳嗽，不管三七二十一就去吃雪梨、贝母等，似乎这是解除咳嗽的灵丹妙药。实际上，**内火可能犯肺，也可以犯脾，更多的是伤肝，外感风寒也一样，不仅仅是侵犯肺脏。在治疗的时候，一定要辨清症状，不能盲目用药，否则只怕适得其反。**

不过，不管是哪种原因导致的咳嗽，都是因为我们对自己的身体不够爱护造成的。我们看到别人情绪不好，还知道安慰一二，可是当自己的情绪不好的时候，反而任其发展，不加以节制，要想不被小毛病所困扰，最简单的办法不是寻医问药，而是回归心灵，修炼自己，不让自己被不好的情绪所左右，做一个真正有控制力的人。

女子以肝为本，"养肝功法"和酸味食品是女性养生的两大护法

"故人卧血归于肝。肝受血而能视，足受血而能步，掌受血而能握，指受血而能摄"。

——《黄帝内经·素问·五脏生成篇》

看过《红楼梦》的人相信都对王熙凤这一角色难以忘怀。在书中，王熙凤可算是独领风骚，被曹雪芹喻为"粉脂堆里的英雄"。可实际上呢？"粉面含春威不露，朱唇未启笑先来"不过是一种表象，王熙凤在大观园众多女性当中可谓是活得最累的一个。在《红楼梦》当中，经常会出现大夫诊病的情节，这当中，要说妇科疾病最严重的，还非王熙凤莫属，第55回，写她年内因操劳太过，一时保养不慎，流产了，并添"下红之症"；第72回，平儿和鸳鸯说"上个月行了经之后，这一个月，竟沥沥地没有止住"；第74回，抄检大观园之后，气虚不摄血，当天夜里便"淋沥不止"……这屡次犯病，无一不让人触目惊心。

曹雪芹在判词中说道："机关算尽太聪明，反误了卿卿性命"。我们看她每次发病之前的情形，都会找到一些情绪上的根源：争强好胜，眼里容不下沙子，每每遇到事情的时候都藏在心里，使劲手腕将这些事情摆平，又力求做到八面玲珑，外表不形于色。这样的一种性格，又怎么能不郁结于心，让肝脏受伤，肝经堵塞呢？

中医说，女子以肝为本，很重要的一个原因是"肝藏血"，而女人最容易失掉的就是血。所以，如果肝功能受损的话，必然会出现血液方面的疾病。而肝主情志，情志不畅，过于郁闷或者激怒，就会导致肝经的气血紊乱，出现各种疾病。

如果说在清朝时期，王熙凤还只是少有的"女强人"。那么在今天，则处处都有像她一般的"铁娘子"，商界、政界，甚至在很多常人认为根本不适合女性从事的行业当中，都可以见到飒爽英姿的女性。即使是一般的平民百姓，女性也要和男性一样分担家里的经济压力，真的是家里家外两手抓。面对家庭和工作的双重压力，得妇科病的人会越来越多，而女性疾病层出不穷，日渐低龄化也就不足为奇了。

我们都知道，**中医一直强调女性要调经。其实更为重要的一点被忽视了，那就是女性要调情志，不能情绪过激，所以中国传统文化很重视修身养性**，强调男性要做君子，女性要做淑女，从琴棋书画到刺绣女红，无一不是平息人的情绪、解除心灵烦躁的一剂良方。

今天的女性，肩上的担子更重，心里的压力更大，可排遣情绪的方法却更少了。那么，我们用什么办法来让自己不要情绪过激，保护自己的肝脏，让自己的身体更健康呢？这里给所有的女性推荐一套养肝功法，不管是居家女性还是上班族，都可以在家务和工作的间歇练一练，保护自己的肝脏，疏通肝经，让各种负面情绪都可以顺利地疏泄出去。具体的做法很简单。

养肝方法

1. 伸懒腰。两臂上举，可稍作停留。

2. 按掌转腰。双手重叠向两腿下按，两臂伸直，同时身体缓缓向右转动。

3. 伸臂翻掌。两手相握，屈肘置于胸前，用力向左右方向拉，做3～5次；随后向外翻5～6次。

做这套动作的过程中，用力时吸气；放松时呼气，争取做到呼吸均匀。

这一套动作下来，时间不超过10分钟，却可以很好地行气血，益肝脏，通经络。从现代健身的角度来说，也可以很好地锻炼胸肺，运动上肢，消除手臂的赘肉。所以，每一位女性都有必要将其视为终身的保健方法，长期练习。见下页图。

养肝除了这个运动之外，还有一个简单易行的好方法，即**多吃点酸味的东西**。大家都知道孕妇喜欢吃酸的，一个重要的原因就是酸味食物能够益肝养胃，生津止渴。肝火旺盛的女性不妨在办公室里放上一瓶梅子，每天吃几颗，不仅可以解馋，滋养肝脏，帮助脾胃消化，还能保持心境的平和，心情的愉快呢！当然，也不能因为喜欢而大吃特吃，凡事有个度，正如《遵生八笺》说的："增酸养肝，勿令极饱，勿令壅塞"。**养生和养性一样，必须适可而止，不能走极端！**

1   2   3

肝性喜条达，最怕抑郁，所以在运动上也不妨投其所好，做此伸展性的运动，不仅可以拉开韧带，还可以养肝养性。

心性敏感是乳腺增生病的"温床"，疏理肝气是改变内环境的不二法则

"营气不从，逆于肉理，乃生痈肿"。

——《黄帝内经·素问·生气通天论》

一位40多岁的女性找到我，小心翼翼地说她得了乳腺小叶增生，问我有没有什么好办法可以消除。说着说着，便流下泪来，我一时之间有点纳闷，安慰她说乳腺小叶增生是一种很常见的乳腺疾病，转为乳癌的可能性不大，治疗起来也不太难，让她不用过分担心。

没想到，在我的温言软语之下，她反而越哭越厉害了。我思考了一会儿，估摸着她不是为病哭泣，而是心里有事，便顺势引导她继续哭泣，将心中的委屈倾泻出来。果不其然，哭了好半天之后，她揉着红肿的眼睛跟我说抱歉，并且讲述了她的故事。原来，10多年前，她跟丈夫之间的感情就有了很深的缝隙，但为了孩子一直隐忍着，希冀丈夫有一天能够回头，没想到，如今是渐行渐远，就等着看谁先提出"离婚"二字了。想到自己的疾病，想想这些年的付出，她泪如泉涌。

作为一名中医师，经常会遇到这样突如其来的状况，然而我一向拙于辞令，不知道该说些什么，此刻也一样。想了想，我便将手放在她的肩膀上，帮她按摩肩井穴，希望可以传递她一丝力量。哭泣了好半天之后，她才彻底地平静下来，向我请教治疗乳腺小叶增生的办法。

乳腺小叶增生是现今很多女性常犯的一种疾病，在这之前，我也做过很多研究。女性得这个病，十之八九和感情有关系，大多数的女性都是在感情上受过挫折，或者与老公的感情不和，心里郁结导致的。中医对这个病的记述很多，认为这是由于肝失疏泄，冲任失调，

使得气血运行不畅、气滞血瘀、痰凝结聚而形成的，古时候称之为"乳癖"，是女性的常见疾病。**所以，女性如果不想乳房遭受折磨，首要一点就是想办法放开自己的心胸，不要为一些小事纠结。**

就药物、针灸、按摩等方法来说，还是以按摩最为安全有效，而且患者一旦掌握，以后也可以作为保健措施自己在家里使用，比其他方法更安全方便。所以，我给她推荐了耳贴疗法，耳贴疗法我们在前面讲过，在耳朵上选取乳腺、胸、脑垂体、卵巢、内分泌、三焦、肝等几个耳穴，将耳贴贴在上面，时不时按摩几分钟就可以了。这当中，乳腺、胸、脑垂体、卵巢、内分泌等穴位点就不用说了，是用来调理内分泌的。我们着重分析一下三焦点和肝点，三焦我们知道是综合调理五脏六腑的，北京著名的中医许作霖教授称这个穴为气穴，就是说它有很好的调气效果。而肝点顾名思义就是调理肝脏的，肝区疼痛，肝胆疾病都可以找肝点，这几个穴结合起来可以很好地疏肝理气，疏通经络。见下图。

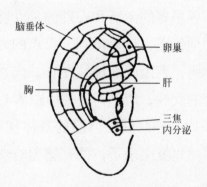

三焦调气，肝点理肝，乳腺、胸、脑垂体、卵巢、内分泌点调理身体内分泌，这几点治好了，疾病也就消失了。

说了这么多，可能还有很多人不明白肝经和乳房的关系，其实这很简单，清代余听鸿在《外科医案汇编》中说："乳症，皆云肝脾郁结"。意思是说乳房的病症，一般都是肝脏和脾脏郁结导致的。**现代女性乳腺增生、乳腺癌发病率那么高，一定要多多反思自己的心理，调整好自己的情绪。**乳房原是胃经管辖的，但肝经行于两胁，与乳房相络属，而且乳头也归肝经。所以，一旦肝气郁结，血脉运行不畅，水湿内停，淤血阻滞，就很容易聚结于乳房而形成肿块。

那些没有患乳腺增生等疾病的女性朋友也不要以为自己可以高枕无忧。认真地回想一下，每个月的那几天，有没有感到乳房胀痛？以我的临床经验来看，很少没有的。只不过大部分人觉得一时的胀痛可以忍受，没有当回事。实际上，这就是肝气郁结，乳房经络不畅通的表现。一旦当了妈妈，月子里，奶水也会分泌不足，而任其发展下去就很可能形成乳腺增生，乳房肿块。所以，只要有这种现象，就不能马虎大意，要及时通过各种方法来疏通经络，耳贴疗法就是其中一个比较安全简便的方法。

对女性而言，乳房不仅仅是一个身体器官，更是性别的体现，美的象征。所以，一旦面临乳房疾病，不仅身体备受折磨，心里也是受尽煎熬，因为此病而让生活质量直线下降，甚至丧失生活勇气的人也不在少数。作家毕淑敏出了一本书叫做《拯救乳房》，就是从终极关怀的角度来探讨乳腺癌患者的生活和心理的。女性心性敏感，对感情又极其认真，全身心地付出，只为得到一点点的爱，可生活中总有这样那样的事情不能如愿，若因此而郁结在心，久之必然发生身体的病变。所以，奉劝所有的女性，为了不让身体跟着心理一起受折磨，凡事都要往好处想，多放一些时间在自己的身体和心理上，身体好了，心胸开阔了，魅力自然也就出来了，拥有魅力的女性又怎么会害怕生活的打击呢？

高血压老人最好的降压药：
掩耳旋头平气法

"怒则气上逆，胸中蓄积，血气逆留，髋皮充肌，血脉不行，转而为热，热则消肌肤，故为消瘅"。

——《黄帝内经·灵枢·五变》

诸葛亮可以说是中国历史上最聪明的一个人了。如果我们细心研究一下会发现，他非常善于利用人的心理来作战。《三国演义》当中第一有名的事例当属"诸葛亮三气周公瑾"，把周瑜的小气形象勾勒得纤毫毕见，千百年来让人津津乐道；而"武乡侯骂死王朗"也将王朗的小丑形象刻画得入木三分；然而，同样的方法用到司马懿身上却起不了作用，书中 103 回就写道，诸葛亮送司马懿一套女衣女帽，意在刺激他，让他发兵，可司马懿不为所动，诸葛亮亦拿他无可奈何。

从这当中，我们可以看出，一个人能够沉得住气是多么重要。这不仅关乎自己的形象（被气死的周瑜和王朗一直是人们嘲讽的对象），而且和健康，甚至生命息息相关。

其实，在现代社会，像周瑜和王朗这样被"气"死的人不在少数，电视剧和生活中，我们经常可以看到，某人因为大怒，导致旧疾复发，一命呜呼！尤其是那些有脑血管疾病的患者，更是要严格修身养性。否则，一不注意，就有可能被"气"得够呛。

生气、发怒会把人气病，气死，这并不是小说中虚构的情节，而是有实实在在的医学根源，**中医说"怒伤肝阴"、"暴怒伤肝"、"怒则气上"，很明确地说出了怒和肝的关系。**发怒会引发人体正常运行的气逆转乱行，违背了人体的正常秩序。这就好像马路上有很多车在秩序井然地行驶着，突然跑来一辆乱跑乱窜的车子，这必然会使整个马路的秩序出现混乱。

怒伤肝阴，阴不制阳，就会出现肝阳上升而风动，肝风内动是脑卒中最重要的病因。而脑中风就是西医说的脑血管疾病。

在治疗上，中医西医各有所长，但都是"病后诸葛亮"，少不了让人受尽折磨。所以说，要想不受脑血管疾病的伤害，还是得预防在先，一定要平熄肝火，不动怒，不让肝火上炎，肝风内动。这里推荐一个"掩耳旋头平气法"，只要你有空闲时左右前后晃动一下头部就可以了，具体方法如下。

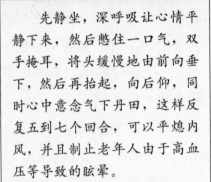

掩耳旋头平气法

先静坐，深呼吸让心情平静下来，然后憋住一口气，双手掩耳，将头缓慢地由前向垂下，然后再抬起，向后仰，同时心中意念气下丹田，这样反复五到七个回合，可以平熄内风，并且制止老年人由于高血压等导致的眩晕。

这个方法看似简单，却是道教养生家们传下来的防治中风、脑血管疾病的古老方法。通过意念引气入丹田，在前俯后仰当中，平熄肝火，让心气收敛，肝阳下降。这个方法虽然是中国古代流传下来的，但它的科学性在国外也不断得到证实。据调查，50岁以后的脑卒中患者当中，以油漆工患病的概率最低，这和他们的工作需要不停地上下左右晃动脑袋有关。而且，在动物界也发现这一现象，那些头部转动幅度达到360°的鱼类和鸟类，它们的寿命是最长的。**所以业内人士建议50岁以上的老人，时常做些头低位运动，以防脑血管老化，防止高血压和中风。**

老人因为气血的虚弱，会有这样那样的疾病其实很正常，人体就像一部机械，时间久了，难免会有磨损，这就需要我们时不时地为机械添油打蜡。对脑血管疾病的患者来说，山楂茶就是一剂不错的"油蜡"，去市场买些新鲜的山楂，切成片放入锅中加适量的水煮开，每天当做茶饮用，有很好的预防高血压、冠心病的作用。对于不小心吃多了，或者逢年过节高兴吃了些油腻食物的老人来说，更是不可多得的消食佳品。

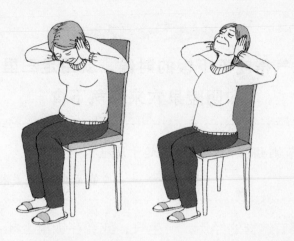

没事的时候，转动脑袋，转转脖子，低低头，可以让自己静下心来，让心气收敛，肝阳下降，防治高血压。

人体是一部机械，在这由心、肝、脾、肺、肾等器官组成的人体当中，除了气血的流动之外，还有情感的驱使，人的七情六欲，一举一动，都会致使原本正常的气血出现紊乱，让身体不堪负荷而警报频频，脑血管疾病便是这当中"呼喊"比较厉害的一种。如果我们加以重视，对身体爱护有加，不将外界的刺激投射于身体之上，时时做做"掩耳旋头平气法"让心气平和，再喝点山楂茶养肝护胃，给身体筑起一道坚固的屏障，还会因为外界丁点的刺激而大动干戈，气得浑身发抖吗？

气得吃不下饭的时候，就用足三里
和阴陵泉穴来顺气下食

很多人都有这样的经历，一生气，或者在饭桌上和人吵架了，立马筷子一丢，转身就走，丢下了一句话"不吃了"，然后躲到一边自个儿生闷气。更有甚者，会气得几天吃不下饭，并且肚子也会不舒服。

这里我们一定要关注一个字，那就是"气"，本书一开头我们就说了，百病生于气。气可以让人的身体、情绪出现各种各样的问题，包括吃饭这个老百姓认为生活中的第一件大事。旁人在安慰人的时候，都会说："生气归生气，可这饭不能不吃，否则就是跟自个儿身体作对了"。

话这么说没有错，可这气堵在那里，怎么吃得下饭呢？这时候最重要的就是把这口气顺下来，让体内气机顺畅，脾胃工作正常，脾胃开始消化食物了，人自然就会感觉到饿。有人可能就不懂了，食物是由脾胃来消化的，生气是肝的问题，二者之间有什么联系呢？其实原因很简单，怒伤肝，生气直接伤害的就是肝脏，从而导致肝经堵塞，肝木克脾土，而肝经出问题了，要么往胆经上走，要么往脾经上转，吃不下饭的人就是因为肝气的淤滞转到了脾胃上，导致脾胃无法正常工作，消化不了食物。食物不消化，人当然吃不下饭了，这时候，就算勉强吃下几口，也会食不知味，不消化，严重的甚至会吐出来。

所以，遇到身边有人气得不想吃饭，这时候不要急着去安慰他，让他静一静，然后沏上一杯浓浓的茉莉花糖水，端到他的身边，比任何劝慰语言都有效。茉莉花糖水做起来很简单，将茉莉花加清水放入锅中煮沸或者将茉莉花放入杯中加开水冲泡都可以，泡开之后加白糖就是香浓的茉莉花糖水了。看起来简简单单的一杯茶，却很好地熨帖了人的心灵，最重要的是，茉莉花有很好的疏肝理气的效果，《本草纲目》说它有"解酒和中，助脾气，缓肝气"的作用，时不时喝上一杯，不仅是一种生活的享受，也是对身体的呵护。喜欢生闷气的女性完全可以用它来代替咖啡等刺激性的饮料，不仅对身体有益，也更体现出女性的醇香淡雅之美。要提醒的一点就是，白糖不能放得太多，否则会妨碍茉莉花的药效。

当然，茉莉花糖水只能起一个舒缓情绪、疏理肝气的作用，要想把这股气顺下去，让脾胃功能运作起来是治本之策。我们可以在喝茉莉花糖水时最好加上右边这个按摩方法。

这当中，大家都知道足三里穴是补充后天之本脾胃的最佳穴位，

按摩足三里和阴陵泉

在下半身膝盖附近找到足三里和阴陵泉，分别用大拇指在双脚的足三里和阴陵泉穴上各按摩 5 分钟，如果用指感到费劲的话，也可以随手取一个圆柱状的小物件，如圆珠笔或者筷子的圆头等来减轻手指的工作量。

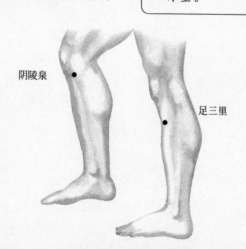

阴陵泉

足三里

足三里不仅是第一大补穴，也有助消化的功效。阴陵穴对改善脾的功能也有很好的疗效。

却不知道，它还可以消食导滞，对于肝火引起的脾胃运化无力，也有很好的调节作用，可以说，所有和脾胃相关的问题都可以找它。而阴陵泉是脾经的合穴、水穴，健脾祛湿的功效是最强的，改善脾系统的问题非他莫属。这两个穴结合起来，对于畅通肝经窜过来的火气，健脾益气，调节脾胃运化食物的能力功效非同小可。脾胃消化食物的能力强了，人自然也就会觉得饿，这时候再吃饭，会很香甜，营养也更容易吸收。见上页图。

　　人们常说，人是铁饭是钢，一顿不吃饿得慌。作为常人来说，一日三餐是生存的必需也是幸福生活的一种感受。可是，好多时候，我们总会被这样那样的事情干扰，吃饭的时候食不知味，或者干脆吃不下，这往往是肝火过旺抑制了脾土；或者是忧虑过多伤了脾胃，导致脾胃的消化能力出现问题。所以，要想一家人身体健康，生活幸福，我们在饭桌上一定不要去教育孩子，询问孩子的学习成绩，夫妻之间也要尽量避免讨论一些可能会出现分歧的问题，而最好是聊一聊日常生活中的趣事，让大家在一种轻松愉快的氛围中进餐，这样才能保证脏腑器官工作正常。

口苦的根本原因是你的肝正在"受苦"

> "夫肝者，中之将也，取决于胆，咽为之使。此人者，数谋虑不决，故胆虚气上溢而口为主苦，治之以胆募俞"。
>
> ——《黄帝内经·素问·奇病论》

经常有老年朋友跟我说嘴巴里很苦，吃什么都感觉没味。孩子孝顺给买了不少甜食，甚至还有巧克力这样的"年轻食品"，可吃了之后也不能解除嘴巴的苦味，不知道是怎么回事？

这时候，我往往会给他们推荐一道甘菊花醪酒，就是将适量剪碎的甘菊花和酒酿放一起煮沸放温之后喝，每天当做茶水一样喝两次。看着很简单，但这些老人喝了之后，大多数反应还是不错的。

其实这是一个平肝清肝的小方子。老年人往往气血不足，再加上闲居在家里，无所事事，孩子大多忙于事业，也难以陪伴在身边，这时候，就很容易胡思乱想，导致肝郁气滞，出现这样那样的症状。口苦是其中一个比较小的问题，但若是置之不理的话，肝经很可能会"积小怨为大怒"，给身体制造大麻烦。

可能有人不明白，为什么肝郁会口苦？这就得寻根探源了。一般情况下，我们的口腔是清爽舒适的，但是有的人会时不时地感觉口苦，或者口甜，口甜反映的是脾经有热，而口苦则多是肝经有热了。**很多人情绪压抑郁闷的时候，会感觉到口苦，这是因为肝主情志，情绪的郁结会导致肝气不疏，气滞则血淤，肝胆相为表里，肝血不能推陈出新，郁积于内，就会导致胆气循径上溢，口苦就不足为怪了。**《黄帝内经·素问·痿论》中也有"肝气热，则胆泄，口苦"之说。

治疗口苦的重要方法是疏肝理气，清除内热，最简单的方法就是吃龙胆泻肝丸，这是现成的中药，吃法说明书上都有。但是，作为我个人来说，一向不主张吃药，本来肝就有热，气行不畅，还要额外负担排毒的任务，等于是拆东墙补西墙。所以，如果问题不是太严重的话，建议每天喝几碗甘菊花醪酒。实在觉得难受的话，可以练练六字诀中的"嘘"字诀和"吹"字诀。"六字诀"养生法早在战国以前就有了，可以算得上中国最古老的养生方法，这当中的"嘘"字诀平肝气，"吹"字诀补肾水，水不涵木是肝火内生的重要原因，所以同时练这两个方法，可以很好地平熄肝火，让各脏腑处于一种平衡的状态。

"嘘"字诀和"吹"字诀

1. "嘘"字诀

呼气念"嘘"字，脚尖轻轻点地，两手从小腹前轻轻抬起，手背相对，慢慢抬至与肩齐平，两臂如飞鸟张开双翼向上、向左右分开，尽可能将气呼尽，然后在吸气时，两手从面前、胸腹前缓缓落下，垂于体侧。一次动作完成之后，再做第二次。如此重复6次。

2. "吹"字诀

呼气念"吹"字，脚尖着地，脚心脚后跟腾空，双臂从两侧提起，从后背绕长强、肾俞穴向前画弧线，经体前抬至锁骨平，双臂撑圆如抱球状，指尖相对。随后身体下蹲，（注意下蹲时，上身要保持端正）两臂随之下落，呼气尽时，双手落在膝盖上。然后身体随着吸气慢慢站起来，两臂自然垂于体侧。同样共做6次。

具体的做法如下。

"六字诀"是一种简化的养生方法，就相当于五子棋与围棋的关系一样，虽然没有那么博大精深，但长期练习，同样有很好的养生功效。这当中的每个字都对应着不同的脏腑，其中"嘘"字对应的就是肝，明代《正统道藏洞神部》就说过："嘘字，嘘主肝，肝连目，论云肝火盛则目赤，有疾作嘘吐纳治之"。所以肝功能不好、情绪经常感觉压抑的人，经常练练"嘘"字诀，尤其是春天的时候，多加练习，可以很好地保护肝脏，疏通肝经，调节情绪。见下页图。

人上了年纪，身体就好像用了多年的机器一样，如果不加保养的话，会衰老得很快，以致出现这样那样的问题。这时候，要根据不同的情况，加以修理，而甘菊花醪酒和"六字诀"中的"嘘"字诀和"吹"字诀就相当于人体"肝脏"的修理工具，把它运用到家了，肝也就不会再给身体找麻烦。

"嘘"字平肝气，"吹"字补肾水，肝火内生有一个很大的原因就是水不涵木，导致火气上炎，所以肝不好的人一定也要检查一下肾。

时时做做"双肘相叩疏肝利胆法"，
别让肝火伤害了你的两肋

"有所坠堕，恶血留内，若有所大怒，气上而不下，积于胁下则伤肝"。

——《黄帝内经·灵枢·邪气脏腑病形》

说到肝火上炎引发肋痛，电影《红楼梦》中就有一个著名的片段，即薛宝钗巧用钩藤治疗薛姨妈的肋痛。薛姨妈被儿媳妇夏金桂气得怒发冲冠，肝气上逆，"左肋疼痛得很"。这时候，来不及喊医生，薛宝钗就喊人去买了几两钩藤来，煎了一碗浓浓的钩藤水让薛姨妈喝了，过了一会儿，薛姨妈"不知不觉地睡了一觉，肝气也渐渐平复了"。

可能有人不明白肝火上炎，为什么会引发肋痛？其实道理很简单，**肝经走两肋，如果一个人的情绪很压抑，或者火气很大的话，就会郁滞在肝，引起肋部疼痛，所以中医说"百病生于气"，这时候最重要的就是疏肝理气。**薛宝钗正是由于明白母亲生病的原因，所以才胆敢自己下药，利用钩藤清热、平肝、镇静的效用来治疗母亲的肋痛。如果我们每个人都能像薛宝钗一样，懂一点中医常识，不仅可以为自己的健康保驾护航，当身边的亲人出现问题时，也能及时为他们救治，这是多么幸福的一件事！

但是现在中药店那么少，要想在第一时间买到想要的中药很不容易，所以我们要学会去繁就简，用最简单的方法来解决问题，这也是中医一直倡导的宗旨。在治疗肝火上炎引发的肋痛上，有一套简单按摩操可以起到很好的作用，这就是**"双肘相叩疏肝利胆法"**。这是专门针对肝胆问题的，对于经常生气、发怒或者郁闷、压抑的人来说，时不时地做做这套小操，对于疏通肝气效果是极好的。

这当中，章门穴是肝经的门户，意思就是肝经的火气上炎，肝风上亢到这里就被拦截住了，所以肝火上炎、肝气郁滞的人经常会觉得这里疼痛；而京门穴是胆经的气穴，别名叫气府、气俞，可想而知是宽胸理气的；而大包穴是脾经上的穴位，称为"脾之大络"，对于散布脾经的精气有很好的作用，人体食物的运化，四肢、肌肉都有赖于脾，而肝木克脾土，按摩大包穴可以将肝经上的火气很好地散发出去。见下图。

肝经是人体主情志的第一条经络，也是最容易受伤的一条经络，

双肘相叩疏肝利胆法

深呼吸，全身放松之后坐好，或者站好（周围不要有障碍物），双臂肘关节屈曲，形成45°，两肘向两侧上方抬起（老年人体力不支者可适当放低些，体力好的适当抬高些），根据自己的身体条件适当调整。然后两肘同时向内叩击，以肘尖叩击两肋，由轻到重，速度、用力平稳一些，最好带有一定的节律，反复叩击20次左右，同时重点叩击章门、京门、大包穴等几个穴位，大包穴在腋下，如果肘部不好叩击的话，也可在叩击完章门、京门穴之后，用拳头轻轻敲打大包穴。

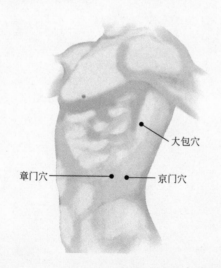

大包穴

章门穴　　京门穴

中医说五行相生相克，任何一脏出现问题，都可能是受到其他脏器的牵连，或者牵连其他的脏器，所以在穴位按摩的时候，除了按摩个别特殊功效的穴位，往往需要多穴结合使用。

肝一旦受伤，就会连带着转到其他经络上，水生木，肝气得不到疏散，过于旺盛的话，也会反回来影响肾水对全身的润泽；肝木乘脾，肝火大，就会影响食物的吸收、消化；肝火犯肺，就会引起咳嗽等症状……对于这些问题，我们往往只知其一，不知其二，难以找到真正的病根。所以，对于红尘俗世，经常被世间小事所困扰的人来说，不妨时时做一做"双肘相叩疏肝利胆法"，将肝火顺利地排泄出去，让肝血能够顺利地促进胆汁分泌，还人体一个清洁干净的场所，少生怨气，少生疾病，给自己一个幸福而平静的人生！

肝郁乘脾土引发的胃病通过敲打
阳明经来调治

"木郁之发，太虚埃昏，云物以扰，大风乃至，屋发折木，木有变。故民病胃脘当心而痛，上肢两胁，膈咽不通，食饮不下"。

——《黄帝内经·素问·六元正纪大论篇》

胃痛是现在很多人都有的毛病，从西医的诊断来说，大多认为是慢性胃炎，开一些消炎药了事。其实，在中医看来，**胃炎只是一种表征，真正的根源却在更深层处，即脾、肝有问题，都可能导致胃发炎，引发胃疼痛。**从一定意义上来说，胃只是替罪羊，哪个脏腑都有可能将"火"烧到胃上。

这当中，以肝为最，因为肝木克脾土，脾胃相表里，所以肝出现问题，最倒霉的就是脾和胃，包括前面说的气得吃不下饭，就是因为肝发"火"导致脾胃没有办法消化食物，其他很多的脾胃病也都要从肝上找根源，胃痛就是这其中的一种。正如清代名医沈金鳌所说："胃病，邪干胃脘病也。惟肝气相乘为尤甚，以木性暴，且正克也"。

我曾经认识一位女患者，才30出头，却有近十年的胃病史，经常胃痛、胃胀，人很瘦，食欲还很差，动不动就不想吃饭。西医看了无数次，每次痛得受不了的时候就去药店买药吃，治胃痛的西药吃了个遍，但病情依然是反反复复，缠绵不绝。我给她诊断，发现她舌边颜色很不正常，是那种紫黯的颜色，舌苔很黄，一看就知道肝经淤堵严重。

在仔细问询过程中也发现，她的性格很压抑，家里、工作都有大大小小的事情让她不得开心。我在心里叹口气，这是女性最常见的现象，要知道肝主疏泄，性条达，就像一个性情暴躁的男人一样，是最不能让它受压抑的，不管有什么事，一定要让它发泄出来，否则它就会通过别的地方爆发，她的胃明显就是替肝受了这么些年的罪。

"肝郁日久，当取阳明"，这是在治疗胃病方面极有经验的戚景如老中医的话。也就是说肝气长期郁积，就要从阳明经上来找方法，即使是没有胃病的人也要如此，更不要说因为肝郁而导致胃炎的患者了。所以，我让那位女士回家每天用小鱼际分别按摩足阳明胃经的小腿段以及手阳明经的前臂段，其中以手、足三里穴为主。每天早上醒来，差不多是气血流注于大肠经和胃经的时候，用双手的小鱼际交替按摩左右腿以及前臂的阳明经，按摩到发热为止（如果皮肤太过干燥，可适当抹一点润肤油）。这样坚持半个月，肝经郁结之气就会慢慢散开，气行则血行，气血循环正常，身体的小毛病也就没有了。见下图。

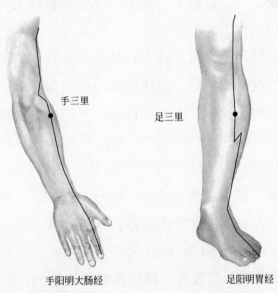

手三里

足三里

手阳明大肠经　　　　　　足阳明胃经

早上六七点人醒来的时候，气血正好流注于大肠经和胃经，敲打这两条经络可以很好地助肝经"一臂之力"，疏通肝经的郁结之气。

胃的毛病往往迁延日久，但现在很多人由于生活、工作各方面的原因，很难闲下来慢慢地调养胃。而脾胃又是后天生化之源，胃不好，吃的东西就会有很多禁忌，这样一来，营养供应不上，必然会导致身体虚弱。所以，我这里给大家推荐一道汤，既能化解肝气的郁结，还有很好的滋补作用，对于肝郁型胃痛的患者，可以说是鱼与熊掌兼得的举措，这就是陈皮猪肚汤。这道汤，既可当做佐餐的菜肴，也可当做晚餐来食用，对于治疗肝郁胃痛的病症效果最好。

陈皮猪肚汤

陈皮大家都知道，是最疏肝理气的，而按照中医吃什么养什么的道理，猪肚是最能养胃的，将猪肚洗净，陈皮切成丝，然后一同入锅，加入适量的清水、食盐、生姜，煮熟之后，依个人爱好加少许味精即可食用。

按摩背后的穴位提升阳气，化解无形的"梅核气"

"使志若伏若匿，若有私意，若已有得"。

——《黄帝内经·素问·四气调神论篇》

周六的晚上，刚到家，就看到一位远房大哥和阿姨坐在沙发上，夫人陪着他们在说话。老人家一脸的不开心，手还一个劲地揉捏嗓子眼，估计是不太舒服。看到我进屋，大哥立马迎接了过来，说老人家不知道怎么回事，前些日子，突然觉得嗓子眼里好像有东西，这几天他们东奔西跑的，去医院耳鼻喉科看了，还做了鼻腔镜，颈部 B 超，都说正常。可是老人家就是觉得不舒服，喉咙里好像夹着个肉枣，一低头脖子难受得不行。

这里，我并不是否认西医的功效。但是，像老人这样的症状，确实是中医的优势所在。老人家的病很明显是中医传统的疾病——"梅核气"，一般是先生气了，然后才会出现这个症状，因为喉咙里有一个梅核样的东西堵着似的，所以称之为"梅核气"。原因也不难分析，**就是生气了，情绪不好，肝经的气循环不畅，淤滞了。肝经通于咽喉，所以肝气在这里淤滞成一团，就像一个无形的"核"一样。**这时候，患者往往习惯性地揉捏嗓子眼。

我分析的过程当中，大家频频点头，老人家甚至眼中带泪。看来这回着实气得不轻，才会出现这样的症状。在老人的絮絮叨叨中，我才明白，原来前段时间，老人家与媳妇因为孙子的教育问题发生了争执，好些天心情都不好。再加上以前积累的一些事情，心情非常压抑，然后不知不觉就觉得身体不舒服。大哥在旁边直埋怨，说："你咋不早点告诉我，要是耽误了治病，那可怎么办？"

我也不便多说什么，让老人坐下来，给她按摩背后的风池、风府、天柱三穴，每穴按了3分钟；按摩完之后，又在老人的后颈部、两侧肩井穴处各拿了5分钟（拿法见第二章"治疗小儿多动症"一篇）；随后让老人俯卧下来，用拇指指腹轻轻地按揉老人家的肝俞、胆俞、膈俞、脾俞、胃俞等穴3分钟；按摩结束之后，又用大鱼际在这几个俞穴以及大椎穴上擦了几分钟，一直到老人家后背这几个穴位发红发热。按摩结束之后，让老人吞咽唾液，老人当时就感觉症状减轻了一点。

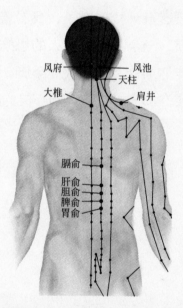

背后的俞穴和督脉上的穴位对于提升老人因为缺少运动而沉降的阳气，
促进气血循环，缓解病症有很好的效果

　　要说这治疗原理，也极其简单，当中的风池、风府、大椎穴都是督脉上的大穴，督脉是阳脉之海，刺激这几个穴位，对于提升阳气，护佑老人的健康是很重要的。而其他的背俞穴则是足太阳膀胱经的穴位，也具有很好地通阳解郁的功效，尤其是肝俞和脾俞，直接与情绪紧密相连，最能化郁解烦。这些穴位结合起来，可以调节气机，生发老人因为气血不足、缺少运动而沉降的阳气，阳气一旦生发起来，便可调动人体内的气血循环，解除病障。见上图。

解郁方——芹菜蜂蜜糊

将2斤左右的水芹菜洗净捣烂取汁，然后加少量蜂蜜用文火煎成黏稠状，然后密封起来放冰箱里，每天取一茶匙用温开水冲服，这样也可以消除梅核气。

我将按摩的方法一一示范给大哥，大哥学得很认真，可老太太在一边是欲语还休，可能是担忧回到家里，大哥不能遵照执行。对于老人的担忧，我也很能理解，想起以前一位老师傅教给我的一个方子，便将其写给了老人，让她自己在家里做，成本也不高。具体做法如上。

老人眼噙着泪，颤巍巍地接过方子，我看着不禁心有凄凄。一代人有一代人的生活习惯，一个人有一个人的思维方式，老人与其参与到晚辈的生活当中，徒增烦恼。不如放开手脚，做一做自己年轻时想做却没有做的事情，或许那样，更能得到心灵的解脱，身体的康健！

抑郁的时候做一道玫瑰枣膏，
就可以消食理气

"肝者，罢极之本，魂之居也"。

——《黄帝内经·素问·六节脏象论》

大家还记得 2000 年春晚赵本山、宋丹丹演的小品《钟点工》吗？我一个朋友看到这小品的时候深深地叹气，原来他家里就是那么个情况，老母亲随着他一起从乡下来到大城市，走哪儿哪儿不认识，人家说话也听不懂，只好窝在家里，时间一久，就变得憋闷不已，郁郁寡欢，原本健朗的身体也开始出现这样那样的问题了。

生活中这样的例子不少，可能很多人和我那朋友一样，不明白，怎么连"清福"都不会享，反而憋出这样那样的病来？这个问题还得从肝来说，前面已经提到过无数次，肝喜条达，恶抑郁，老人家天天窝在家里头，没有人说话，没有人倾诉，就算日子过得再清闲，时间久了，也会慢慢地产生失落感，感到空虚苦闷，情况日渐加深，就会出现现代医学常说的"抑郁症"。

抑郁是很多人都会偶尔出现的现象，但若成为一种"症"的话，说明病情很严重了，那时候要治疗的话就会很困难，所以一开始就要将这种苗头扼杀在萌芽状态，除了像小品当中所说的，让自己"走出去"之外，也可以通过饮食、运动等方式来调理一下，让肝的郁结之气能够得到疏散，这也是一种内调的方法。

在治疗肝气郁结导致的抑郁上，中医有一个中成药，叫四逆散，是张仲景《伤寒论》中的方子，历来被称为疏肝解郁、调和肝脾的祖方，由甘草（炙）、枳实（炙）、柴胡、白芍药等几味药组成，方中柴胡散热解表，疏肝解郁；白芍药平肝潜阳，养血敛阴；而枳实破气消积化痰，调理中焦；甘草补中益气，清热解毒。这当中，前二味养肝，后二味养脾胃，合而用之，对于肝气郁结有很好的疗效。抑郁患者往往没有什么食欲，服用四逆散也可以得到缓解。

而对于赋闲在家的老人来说，还有一道家常食品作用也不错，闲来无事，做来吃吃，不仅可以消解一个人在家的郁闷，也可以疏理肝气，还能让家人胃口大开，可以说集多种功能于一身，这就是美味的玫瑰枣膏。见下页图。

玫瑰枣膏

原料：红枣 150 克，生猪板油 120 克，荸荠 60 克，核桃仁 30 克，玫瑰 6 克，鸡蛋 2 只，红薯 90 克，猪网油 160 克，瓜片 15 克，白糖 100 克，湿棉纸 1 张。

做法是：

1. 先将红枣烤熟，取出里面的枣肉备用（也可去超市买现成的枣泥）。

2. 核桃仁用沸水泡后去皮，放入油锅中炸黄捞出。

3. 生猪油去筋，与枣肉分别剁成泥，红薯煮熟去皮，压成泥状。

4. 核桃仁、荸荠、瓜片分别切成丁。

5. 准备工作做好之后，将枣泥、猪油和红薯泥装入盆中，把鸡蛋打散倒入盆内，加核桃仁、瓜片、荸荠、白糖、玫瑰等拌匀。

6. 将猪网油铺于碗底，猪网油边吊在碗口边外，把拌好的枣泥放入网油内，用手压平，将碗口的网油边理平，搭在碗内的枣泥上，用湿棉纸密封，上笼蒸 40 分钟出笼。扣在另一盘内，揭去网油，撒上白糖就可以了。

这道玫瑰枣膏不仅外形漂亮，松软香甜，而且可以调理脾胃养肝解郁，对于赋闲在家的老人来说，再合适不过。

也是从这道甜点开始，朋友的母亲渐渐爱上了各种中西式的糕点，尤其是中国的糕点，更是爱不释手。朋友见机，给母亲买来一个烤箱、餐盘等一系列的做糕点的工具，还有一些图书，如此一来，他的母亲每天在厨房里忙得不亦乐乎，并且因此而结交了很多有共同兴

红枣 核桃仁 生猪板油 荸荠 红薯 瓜片 玫瑰 鸡蛋

玫瑰枣膏疏肝解郁，调理脾胃，是做给一家人食用的最佳甜品。

趣的人，当初苦闷压抑的情绪一扫而光，整个人重新恢复了原有的开朗和康健，甚至有过之而无不及。朋友见到我感慨万分，说曾经一度想顺从母亲的意见，送她回老家。可是，总是难以舍下这份感情。现在好了，母亲找到了兴趣所在，不再天天郁闷无所事事。自己也可在一边尽心尽力地照顾她，可谓是两全其美。

第四章

肾藏志，聪明不聪明就看肾气藏得够不够

中国有句古话，叫"三岁看老"。意思是从一个小孩的秉性就可以看出他将来是不是有出息。中医认为，聪明与否的关键点是肾。肾藏志，这个志包括"意志"和"智力"，肾气足的话，人的意志力会更坚定，血脉调和，反应能力会更快，人也更加聪明。

然而，肾气也容易被消耗掉，它就像银行的存款，需要我们细心打点，节约使用。生活中容易惊恐、害怕的人尤其需要注意保存肾气，多经历一些事，害怕的时候振臂高呼，调动起全身的气血来为肾气保驾护航，一来二去，自然会肾气足，百病除。

黑米莲子粥，让准妈妈不再担惊受怕，孕育一个健康的宝宝

"女子七岁，肾气盛，齿更发长，二七而天癸至，任脉通，太冲脉盛，月事以时下，故有子……"

——《黄帝内经·素问·上古天真论篇》

在计划生育的大前提下，优生优育是一个重要的功课。所以很多准爸爸准妈妈们对于孩子非常重视，各种各样的胎教产品大行于市，一旦怀孕，便将这些东西搬回家，恨不得生出一个神童来。

当然，这样的做法并没有错。但有一个关键的地方被大家忽视了，那就是准妈妈的心理调适。由于都是第一次生育，所以准妈妈们对于分娩都存在强烈的恐惧心理，提心吊胆，尤其是到了预产期，惶惶不可终日。殊不知，这些不好的情绪如果不及时克服，对孩子的负面影响非常大。要不，在物质条件这么好的情况下，怎么还有那么多自闭症、多动症等先天性疾病的孩子呢？

在中医看来，这一点都不稀奇，怀孕期间，如果情绪不能保持稳定的话，孩子很有可能发育不良。金代四大名医之首的张从正所撰写的《儒门事亲》中说："如妇人怀孕之日，大忌惊忧悲泣，纵得子，必有诸疾"。意思浅显如白话，就是说女性在怀孕的时候，一定不能情绪波动太大，否则就算生下孩子，也会有各种疾病。《黄帝内经·素问·奇病论》中也有胎病之说："……此得之在母腹中时，其母有所大惊，气上而不下，精气并居，故令子发为巅疾也"。可见，胎病之说早在几千年以前就有了，所以当时的人对于怀孕极其注意。虽然物质条件不是很充足，但在孕育子女的问题上，却丝毫不含糊。明代医家万全还专门撰写了一本书《育婴家秘》，其中《胎养以保其真篇》

中说："自妊娠之后，则须行坐端严，性情和悦，常处静室，多听美言，令人诵读诗书，陈说礼乐"。所以说，怀孕期间要保持情绪稳定，包括胎教。

可能有人觉得这些东西很虚，不切实际。其实不是这样的，和吃喝一样，情绪也是孕育出一个健康胎儿必备的重要条件，二者缺一不可。胎儿在母体当中，全靠母体气血的濡养，这当中，饮食当然是第一位的，这一点谁都知道。但是，如果情绪喜怒无常的话，必然会导致气血的变化无常，《黄帝内经》说："大惊卒恐，则气血分离，阴阳破散"。这种情况下，胎儿又怎么可能得到充足的营养呢？营养不充足，生长发育会出现问题就再正常不过了。

《黄帝内经》说"恐伤肾"，就是说各种情绪当中，恐惧是最伤害肾气的。如果孕妇在怀孕期间经常受惊吓、担忧、恐惧，肯定会导致肾气的紊乱或者不足，那样的话，胎儿得以濡养的先天之本就不足够，生下来的小孩就会出现各种智商方面的问题。《胎养以保其真篇》中还说："儿在母腹中藉母五脏之气为养也，苟一脏受伤，则一脏之气失养而不足矣"。说的就是这个道理。

可是，这头一回怀孕、生育怎么可能不紧张，不害怕呢？记得妻子怀孕的时候，每天都提心吊胆，神经兮兮的，即使像我这样对女性怀孕心理稍有研究的人还差点被弄得神经崩溃，更别提那些一无所知的人了。由于恐惧伤害最多的是肾气，所以，怀孕的时候，除了多了解一些关于生育、分娩的知识，减少恐惧之外，最重要的就是补充肾气，让肾精充足。也只有补足了肾气，才能避免各种妊娠病的发生。

补肾的方法有很多，但孕妇由于情况特殊，不能随便乱用。这里给大家推荐一款简单的粥谱：**黑米**

黑米莲子粥

去超市买些黑米、莲子和冰糖，每天取100克黑米和20克莲子，先将这两样泡上三四个小时，然后一起放入锅中煮成粥，煮粥的时候一定先大火煮开，再小火慢慢熬熟，之后加入冰糖调味食用就可以了。

莲子粥。由于这样食品性平温和，所以也不存在什么辨证的问题。我的一位朋友的妻子怀孕那会儿，经济条件不是很好，补品吃不起，天天就拿这个当点心吃。所以，现在她对这道粥都有了感情，时不时念叨。当然，也亏了这道粥，我朋友的妻子和孩子这些年身体都很好，别的小孩常见的小毛病，他儿子基本都没怎么出现过。

每天早上当早餐，或者作为下午三四点时候的加餐点心都可以，既不会影响正餐的食欲，还能滋阴养心补肾。见下图。

100克黑米 ＋ 20克莲子 ＋ 冰糖

黑米莲子粥

黑米俗称"月家米"，是产妇和体质虚弱者最适宜的平温性质的滋补品。

这个道理也非常简单，了解中医的人都知道，"黑入肾，肾强则青春焕发，精力充沛"。黑米兼具营养价值和药用价值，民间俗称"药米"、"月家米"，是作为产妇和体虚衰弱的病人用的滋补品。

情绪对身体的影响，古人早就清醒地认识到了。所以，**中国古代的养生方法里面，很重要的一条就是调节心志，处处强调"精神内守"**。其实，这二者是相辅相成的，身体虚了，精神也会耗散；精神耗散了，身体也难保健康。而孕妇身兼二职，既要照顾自己的身体，还要照顾到胎儿，所以在怀孕时，甚至是准备怀孕的时候，就应该好好了解怀孕的知识，做到有备无患，有惊无恐。

大补元煎补气提气，让男人从此
不再"英雄气短"

"恐则精却，却则上焦闭，闭则气还，还则下焦胀，故气不行矣"。

——《黄帝内经·素问·举痛论》

朋友半夜给我打来电话，让我出去，说请我一定要救救他，否则他只有离婚了。原来，自从孩子出生以后，他跟妻子已经有将近两年的时间没有真正的性生活了，妻子慢慢由宽慰变成了责怨，脾气也日见上涨，这让他愧疚不已，又实在鼓不起勇气去看医生。现在，他很害怕回家，回到家里，要么纷争不断，要么无言以对，而任何一种都不是他想要的。

这个朋友我很了解，绝对是"爱妻号"的代表人物，在任何人面前都不避讳他对妻子的照顾，要说他有什么出轨的行为，我是绝对不相信的。

看到他的时候，一脸的落寞寡欢。细聊之下才知道，原来，自从跟妻子进了产房，目睹妻子生产的过程之后，他就对妻子的身体产生一种莫名的恐惧感。屡次想要跟妻子亲热，结果都半途而废。

看这情形，应该是产房那一幕让他心里产生了阴影，导致他对妻子的身体有畏惧感才会这样。《景岳全书·阳痿篇》说："忽有惊恐，则阳道立痿，亦甚验也"。我帮他检查了一下，苔薄白，脉弦细。而且据他说，近来精神很苦闷（遇到这样的事情谁又能不苦闷呢），晚上睡觉也不安宁，就差没有精神崩溃了。确确实实是因为心理因素造成的肾气亏虚，对于这样的情况，最重要的就是益肾宁神，让他生理和心理都能够健康起来。

所以，我给他推荐了**大补元煎**，这味药剂在《景岳全书》和《千家妙方》中都有记载，认为它能够大补气血，补气升陷。清代名医华岫云在《临证指南医案·阳痿》的按语中指出："阳痿……亦有因恐惧而得者，盖恐则伤肾，恐则气下，治宜固精，稍佐升阳"。而大补元煎中的熟地、山茱萸、杜仲、枸杞子都有极好的益肾作用，而人参、当归、山药、炙甘草等则有补益气血的作用，完全是治疗朋友病症的不二法宝。由于朋友有些心神不宁，我在此基础上又给他加了一些远志和枣仁，具体的配方如下。

有朋友可能会觉得不太可信，心理的问题喝中药怎么可能有作用呢？其实道理很简单，在中医看来，**心理和生理是不可截然分开的，情志的过激会导致脏腑病变，在五志学说当中，恐是最伤肾的，恐惧会致使上焦闭塞，精气在下，不能上交心肺**，这样一来，在性爱当中必然力不从心，出现阳痿现象。而男人最怕这个事情，这样一来，恐惧心理会进一步加重，形成

大补元煎

人参 10 克，山药（炒）15 克，熟地 15 克，杜仲 15 克，当归 15 克，枸杞 15 克，山茱萸 5 克，甘草（炙）10 克，远志 10 克，枣仁 10 克，用适量的水煎到药味浓郁时饮用即可，隔一天喝一次，一个月左右就可明显地见到效果。（嫌煎中药麻烦的朋友也可直接去中药店购买丸药，具体的用量上面都有详细的注解。）

恶性循环。而大补元煎呢，就是补气提气的，只要气血足够，能够交通五脏六腑，心理的问题自然也能不攻自破。

当然，如果将所有的希望都寄托在药物上，就有点舍本逐末了。在喝中药的过程中，也要注意控制自己的欲望，与妻子分床而居，杜绝一切和性有关的东西，色情图片、情色小说等更应该避免。这样，当中药喝完之后，身体的亏虚补充过来了，再加上蓄积已久的欲望，成功的可能性会很大，只要能够成功一次，阳痿的问题自然就销声匿迹了。

记得以前看过一个故事，说有科学家做过实验，让人从一个黑屋子中穿过，大家都很轻松地走过了。而打开灯之后，大家发现屋子里

人参 10 克
山药(炒)15 克
熟地 15 克
杜仲 15 克
当归 15 克
枸杞 15 克
远志 10 克
枣仁 10 克
山茱萸 5 克
甘草(炙)10 克

大补元煎提气补气，对因为惊恐而导致的肾中阴阳
两虚是一款很合适的平补之剂。

是玻璃路面，在玻璃底下全是蠕动的蛇，这时候，大家都不敢走了。虽然所有的人都明白，从这里走过去，绝对安全。

恐惧就是这样，如果你时时想它，时时看它，总活在那恐怖的记忆当中，只会让自己的恐惧感与日俱增，身体也因之而问题百出。这时候，不如静下心来，好好做些别的事，调理一下自己的身体，或许，要不了多久，所有的问题都会烟消云散！

小便失禁，就喝"长生酒"，做导引壮肾功来补肾养生

"肾者主水，受五脏六腑之精而藏之。故五脏盛，乃能泻"。

——《黄帝内经·素问·上古天真论》

我们看电视剧的时候，经常会看到这样的情景，一个人一开始狐假虎威、威风凛凛的样子。结果，在遇到真正对手的时候，还没打几下子，就吓得屁滚尿流，狼狈而逃。

那么，有没有人想过，为什么人在受惊吓的时候会控制不住小便，出尽洋相呢？这个从中医角度来解释也不难，问题还在于肾。肾主水，在水液代谢的整个过程中，肾气是新陈代谢的原动力，调节着每一环节的功能活动，水液代谢正常与否直接反映肾气是否充足。而且，肾主二便，与膀胱相表里，膀胱运转的动力根源在肾，可见大小便出问题，肯定和肾脱不了干系。恐伤肾，肾气不足就会导致"膀胱不约"，收束无力，小便失禁也就在情理之中了。

其实，早在《黄帝内经》里面就提到过惊恐会致使大小便失禁，《素问·举痛论》说："恐则精却，却则上闭，闭则气还，还则下焦胀，故气不行矣"。意思是一样的，恐惧会使人的上焦闭塞，精气下泄难以上行，气不行，肾主二便的功能就会失掉，人也就无法有意识地控制自己的大小便。所以，受到严重惊吓的人，甚至会出现大小便同时失禁的现象，这是因为气机完全紊乱了。如果不能及时救治的话，很可能会长期如此，甚至引发其他的各种病变。

所以对小便失禁，一定不要觉得不好意思，藏在心里，这种惴惴不安的心理也会伤害肾气，使小病越发拖成大病。古人养生，非常注重细节，即使是小便这样"私密"的事情，他们也会细心观察，不让身体出现一丝纰漏，大文豪苏东坡在《养生杂记》中就说过："要长生，小便清；要长活，小便洁"。

这里给大家推荐一个防治小便失禁、尿频的**导引壮肾法**。导引运气，就是通过意念来调动自己体内的"气"，将因为不正当的饮食和负面情绪所打乱的气归位，顺乎身体运行的正常规律。这个导引方法很简单，具体做法如下。

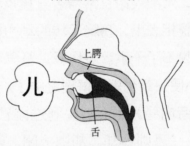

导引壮肾法

早上起床之后，先深呼吸几口，让呼吸均匀，然后以舌抵上腭（保持在发"儿"这个音的位置），眼睛看向头顶上方。随后吸气，做肛门收缩动作，然后呼气放松，反复24次。

看到这个简单的动作，可能很多人不以为意，如果那样的话，你可真是入宝山而空手回了。这个动作虽然简单，却蕴涵着中医的重要思想。我们知道，**任脉和督脉都是从口中断开，舌抵上腭，就等于将任督二脉给连通了，任脉**

舌抵上腭发"儿"音

儿

上腭

舌

导引壮肾法是利用呼吸之道来调整体内气血运行通畅的方式，
还有生津的作用，有很好地壮肾功效。

下行，督脉上升，气血畅通，身体的问题自然就会得到缓解。而肛门的收缩动作可以增强膀胱的制约功能，功效是一览无遗的。

这些还在其次，最重要的是，如果你坚持做了的话，会发现，做完之后，口中会充满津液。这时候，你一定要将这个津液缓缓咽下去。要知道，这个"津液"可是无价之宝，道教的养生家们将它称为"长生酒"，认为它可以滋润头发、五官，濡养内脏、骨髓，好处数不胜数。我认识一位老人，70多岁，耳不聋眼不花，每天早晚像年轻人上班一样，拎着一杯水去图书馆读书看报，还时不时地发表学术论文，身体不知道有多硬朗。他的养生秘诀就是：每天早晚舌抵上腭，让口生津液，然后分成三小口，缓缓咽下去。到现在想吃什么就吃什么，牙齿一颗都没脱落，也不松动。真是任谁见了都羡慕不已。

要说，恐惧是人与生俱来的情感体验，毕竟从一无所知的婴儿成长为拥有多项技能的成人，要经历许多磨难，要想做到对万事万物都不恐惧，那不太可能，也没有这个必要。就像身体健康的人偶尔让自己感冒一两次可以增强抵抗力一样，在心理的体验上，偶尔冒冒险，让自己的心灵受一点点小刺激，对身体和情绪来说，都是有益无害的。在恐惧之后，在年龄渐长之时，做做导引壮肾法，将体内紊乱的气机调顺，让淤滞的气血通畅起来，人生自然会一通百通，一顺百顺！

交泰丸让心肾相交，经脉直通于耳，
消除耳鸣

"肾气通于耳，肾和则耳能闻五音"。

——《黄帝内经·灵枢·脉度》

周日的早晨，偷得浮生半日闲，我对着电脑在网上优哉悠哉地"遨游"呢！MSN的头像很不"和谐"地闪动了起来，点开一看，原来是一位远在美国的亲戚，说他有一位当地的朋友，这段时间总是耳朵嗡嗡作响，先是左耳，感觉周围有电波一样的杂音，后来又觉得像是耳朵旁边有小虫在鸣叫，一开始没当回事，以为是没休息好，可这段时间，连右耳也这样了。去医院检查，说不用治疗，自己会好。这位美国朋友是个中国迷，一直对中医也颇有兴趣，想看看中医有没有解决的办法。

那位美国朋友凑近了些，对着电脑的视频，让我看他的舌象，很红，并且告诉我说，他的腰部以下总感觉发冷，而且最近心烦意乱，手心发热，经常感觉口干舌燥，晚上也睡不好觉，不知道是怎么回事。

从他的症状来看，很明显是心肾不交导致失眠，继而引发的耳鸣。五心烦热，口干舌燥，舌红，都是水亏火亢的征象；水火不济，心阳偏亢，难免会心神不宁。而肾主骨，肾阴亏虚，脑髓得不到足够的滋养，头晕耳鸣，失眠健忘就是情理之中了。而且，腰为肾之府，肾阴不足，失于濡养，必然会腰酸。所以，**在治疗上，一定要让心火下降于肾，以温肾水；肾水上济于心，以制心火，让水火交融，互相制约，形成水升火降的平衡局面，说简单点就是要让心肾相交。**

心肾相交的办法有很多，除了我们前面讲过的手心搓脚心之外，这里再给大家推荐一个肚脐敷贴的方法，用起来很简单，而且没有副

养生就是养气血

100

作用。敷贴的药物是**交泰丸**，这个药来自于《韩氏医通》下卷，主要成分是黄连和肉桂，我们都知道，黄连是极其苦寒之药，而肉桂性热、温补，黄连苦寒以清心火，肉桂辛热以温肾阳，具体做法如下。

美国朋友从来没有听说过敷贴疗法，将信将疑地用了几天之后，就发现身体状况好了很多，不但睡眠踏实了，心情也不再那么烦躁，工作起来得心应手。他将这一情况告知我，喜悦之情溢于言表。说前段时间工作上出了一些差错，报表的数据全部出错，很是烦闷，工作上错误百出，没想到身体也跟着出问题。现在可好了，身体的问题解决了，连带着工作都顺利了很多，真是一事顺百事顺。

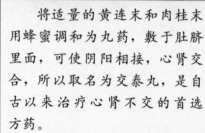

交泰丸敷肚脐眼

将适量的黄连末和肉桂末用蜂蜜调和为丸药，敷于肚脐里面，可使阴阳相接，心肾交合，所以取名为交泰丸，是自古以来治疗心肾不交的首选方药。

每天晚上，将一丸药塞到肚脐里面，然后用纱布覆盖，用医用胶布固定，每晚换药1次。一般情况下，三天就可见到效果，再用四五天，坚持一个星期巩固疗效，便可以了。

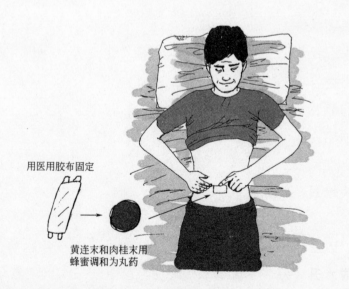

用医用胶布固定

黄连末和肉桂末用蜂蜜调和为丸药

黄连性寒，肉桂性热，将二者调和敷在肚脐里面，能够清心火，温肾阳，是治疗心肾不交的绝妙处方。

看着美国朋友的笑脸，我的心情也跟着好起来。人生从来都是如此，当你的心情出现变化的时候，这种变化也会迅速地传递到身体，影响到五脏。而五脏的伤害又会影响情绪，以此形成恶性循环，这样一环套一环，就会形成一连串的负面反应。而反过来，你将其中一个问题解决了，顺带着其他的问题也会"药到病除"。

脐下四穴是温润女人肾阳的宝藏

"肾者，主蛰，封藏之本，精之处也，其华在发，其充在骨，阴中之少阴，通于冬气"。

——《黄帝内经·素问·六节藏象论》

中医说**"人过四十，阴气衰半"**，意思就是人到了一定的年龄，肾气就会衰弱，这是自然规律不可违背的。然而，这并不是说，面对自然规律，我们就只能束手待毙，毫无办法。事实上，同样的年龄，身体机能截然不同的现象比比皆是。尤其是女性，过了30岁，见面第一件事就是品评谁看起来更年轻。

有一次同学聚会时，因为多年不见，有两位女同学再见的时候，站在一起，谁也难以相信她们会是同龄人其中一位是当老师，头发脱落得很严重，眼睑也浮肿得厉害，脸色见不到红润不说，还笼罩着一团黑气，整个身体呈横向发展，完全没有40岁女性应该具有的风韵。而另一位看起来犹如三十出头。那情形，任谁都欷歔不已。

闲聊中得知，我的这位当老师的同学这些年一直过得不如意，自己下岗在家，靠老公微薄的薪水养家，孩子还要上学，日子过得紧巴巴地，时不时地担心这担心那，所以脸色一直很难看，身体也不好，动不动这儿痛那儿痛的。

我给她检查，发现她严重的肾阳虚，据她说，自己非常怕冷。年轻的时候都没事，现在年纪大了，反而时不时的手脚长冻疮。近几年，因为身体不好也时常吃些中药，但都于事无补，精神越发委靡不振。

听到这里，我基本上知道是怎么回事了。生活状况的不如意一直让她难以释怀，情绪总处于一种低沉的状态，再加上对生活的担忧时时萦绕心头，导致严重的脾肾阳虚。脾胃乃气血生化之源，脾虚，吃的东西消化不了，会进一步影响肾气的生发。恐伤肾，担忧、恐惧的情绪排解不掉，对肾气造成了极大的伤害。双重压力之下，肾气必然会急剧衰退，肾气就好像是滋养花朵的源泉，源泉截流了，花儿还能明媚几时？所以说，她身体上会出现这么多的症状，实在是情理之中。

对于肾阳虚的患者来说，羊肉羹和核桃炒韭菜是最好的食疗方。但核桃与羊肉都不便宜，要想长期吃的话，经济方面的付出过大，而且见效慢，对于她家来说显然不切实际。所以，我给她推荐了一套按摩方法来健脾补肾，具体的按摩穴位就是：关元穴、气海穴、足三里穴、三阴交穴，这几个都是大名鼎鼎的重要穴位。

关元穴和气海穴都是任脉上的大穴，最能够生发阳气，宋代医学家窦材在《扁鹊心书》中说："人至晚年阳气衰，故手足不能温，下元虚惫，动作艰难，盖人有一息气在，则不死，气者阳所生也。故阳气尽则心死。人于无病时，常灸关元、气海、命关、中脘……虽未得长生，亦可保百年寿矣"。大家都知道，任脉是主治女性疾病的，但凡女性疾病，针刺或者艾灸，关元穴和气海穴都是必不可少的穴位。见下页图。

足三里穴和三阴交穴就更不用说了，前者是胃经上的大穴，最有名的长寿穴之一。而三阴交是肝、肾、脾三经的交会穴，是每个女性都有必要掌握的穴位。

我给这位同学的这四个穴位上艾灸了大概一个星期，她整个人的状态就明显改善了很多，首先脸上的那一层黑气消退了，面色多了几丝红润，她自己也说晚上睡觉踏实了。最神奇的是，她不再整天忧心忡忡的了，心里似乎一下子豁然开朗了许多，好像突然开悟了一样。

本来我是让她自己在家里继续艾灸的，但她却对这些东西讳莫如深，不敢轻易尝试。所以，在教她认识具体的穴位之后，我让她自己在家里用手指按摩。按摩的效果相对于艾灸来说，稍逊几分，而且也比较费力气，坚持起来相对来说要困难一些。但是，只要坚持下去，作用也绝对不可小觑。那位朋友由于吃够了苦头，所以很认真地按摩了大概两个月，再见到她，不仅脸上那股幽怨之色没有了，人也苗条了很多。可以非常明显地看出来，她的心情比以前好多了。

用她的话来说：以前我总觉得自己活得很累，嫁个老公没什么出息。孩子吧，也没什么活力，一副颓废之相，肩上的担子那么重，每天睁开眼睛就觉得疲惫不堪，看谁都不顺眼，整天唉声叹气。现在想想，家之所以会成为这样，很大一部分原因就在自己。每天沉着一张脸，孩子心情也得不到放松，绷得紧紧的，这样的环境又怎么有活力呢？人怎么样都是活着，担忧了几十年，不也生活了几十年吗？与其徒劳地想着将来，不如好好地活在当下。

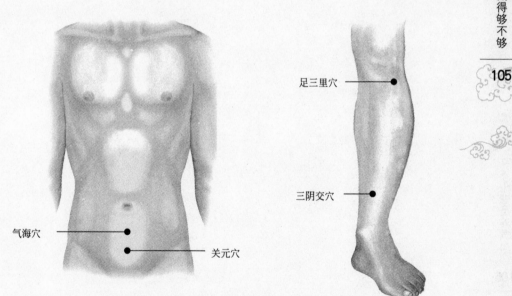

35 岁之前补先天，35 岁之后补后天，对于女性而言，脾胃和任脉都是需要重点刺激的地方。

看着她一脸的诚挚，我也心有所悟。是啊，如果每位女性都能一开始就有她这样的心态，会有多少家庭少了争吵和敌对，而多出几分温馨与和睦？所以，在此希望所有的女性都能记住这四个穴位，时不时地加以按摩（气力不够的时候也可让老公帮忙），保证心气的平和，身体的健康，脸色的红润。这四个穴位就是：腹部肚脐下方约1.5寸处的气海穴，肚脐下方约3寸处的关元穴，外膝眼下3寸、胫骨外侧1横指处的足三里穴，下肢内踝上3寸、胫骨后缘处的三阴交穴。

生气郁闷会引发浮肿，从内在调整
补充肾阳最重要

"肾者，胃之关也，关门不利，故聚水而从其类也，上下溢于皮肤，故为浮肿，浮肿者，聚水而生病也"。

——《黄帝内经·素问·水热穴论》

严冬时分，诊室里来了一对老年夫妇，老太太脸肿得很厉害，据老先生说，老人家已经浮肿了半年，不光脸，下肢也是如此。老人夜尿频繁，每天晚上要起来3～4次，很担心是不是肾又出问题了。

检查发现，老人家舌苔白滑腻，脉沉细缓，且挟有一定的淤滞，像是脾失健运，心肾两虚的症状。在治疗上关键要补益心肾，健脾化淤，所以我给她开了半个月的黄芪当归补血汤。去医院复查，浮肿有所减轻，以前略微有些偏高的血糖也降到了正常值，这让老人很高兴。

不过，也有新的症状出现，以前还算平静的情绪变得急躁起来，说不定什么时候就发火了。吃了一段时间的六味地黄丸之后，慢慢地也好了。老人很不解，说这些药都是很平常的药物，六味地黄丸以前也吃过不少，可没见起过这么大的作用。而且，老伴以前性格很好的，中间为什么那么急躁，觉得更是不可思议。

可能很多人觉得奇怪，为什么人在生病的时候，情绪总会变得不可捉摸，不是很急躁，就是暗自悲伤？这也没什么可奇怪的，前面已经说过无数次，都是由于气血紊乱造成的。人之所以生病，是因为气血要集中力量去抵抗某一处敌对力量的侵袭，其他的脏器得不到足够的气血供应，而发出来的一个信号，这时候我们就该想办法借助外力给它们以补充，否则就会出乱子，人的情绪变化也是这当中的一种反应。

老太太浮肿这么严重，性格必然很压抑，经常生闷气，而且胆小怕事，容易受惊吓。女性当中，这种现象很常见。因为女性怀孕、生育都会消耗大量肾气，而女性好静，静生阴，现在为了苗条，往往过多地摄入一些寒凉的食物，这些都极其容易导致肾阳虚。五行当中，肾属水，为水脏，主化气，行水，肾气虚，阳气不足，人体的水液就没办法汽化、蒸腾，而这些水液乱窜，就会导致水肿。我们看天气就会发现，下雨之后，如果天气很快晴朗的话，地表的雨水会很快地蒸发掉。如果是阴天，地面会潮湿很多天。人体也是这样，如果肾阳不足，就没有办法将这些水液送到该去的地方，如膀胱。有些人不爱出汗，大多也是肾阳虚，道理是一样的。

治疗浮肿的关键是温暖肾阳、行气化水。上面那位老太太，由于年事已高，除了肾阳虚之外，还有心血不足、脾失健运的现象，所以先用黄芪当归汤补气补血，然后再用六味地黄丸来补肾。

我在分析老人性格的时候，老先生在一旁频频点头，看来我所言非虚。而中间会出现急躁的情绪，则是气血补足了，上冲于脑，才能够将以前憋闷的火气发泄出来。就好像我们必须先将湿透的柴火烤干了，然后才能燃烧一样。在这之后再补肾阴肾阳，才有四两拨千金的功效，否则吃再多补肾的药物，也只是空耗力气。

身体的问题会反映到情绪上，反过来更是如此，情绪的问题更会

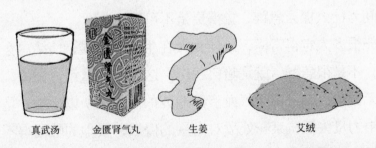

真武汤　　金匮肾气丸　　生姜　　艾绒

生活中补阳的平性食物和药物都不少，只要用心，不需要大动干戈，身体自然会健健康康

作用于身体，引起气血的紊乱，如果这位老太太不是那样小心翼翼，有事放在心里的性格，可能问题会轻很多。很多女性都会发生这样的现象，因为某件事而悲哀、痛苦、担忧，要不了多久，就会发现眼睑肿胀，不敢出门，这如果不是伤害了肾阳，就是影响了肺主气的功能，或者伤了脾，导致水液不化，或者湿浊内停，时间久了，就会发生肾炎，腹泻、便秘或者肺部疾病。当然，最常见的还是脾肾阳虚，脾恶湿喜燥，最怕的就是水湿之气，而脾一旦受伤的话，肾得不到气血供养，也会虚弱下来，所以脾肾阳虚严重，平时喜欢生闷气，躲在角落不动的内向的人，如果感觉身上有些浮肿的话，可以适当地吃些真武汤、金匮肾气丸等，补充阳气，平时也可用生姜煮水来泡脚，每天泡个 20 分钟，也有很好的利水补阳功效。见上页图。

　　不过，最关键的还是让自己从内在动起来，没事的时候唱唱歌，吼几嗓子，让心里的郁闷之气发散出来，也是祛湿化水、消除体内污浊的一种方式。**人的行动是由思想来决定的，思想动起来了，那么行动上也会慢慢地表现出来。动则生阳，阳气充足，不管是身体还是生活都会呈现一派阳光灿烂的模样。**

第五章

脾藏意，脾是五脏当中最宽厚的"谦谦君子"

　　"脾居中土，调和四方"，是人离开母体之后气血的主要来源，也是五脏当中最具大家风范的谦谦君子。当人们情绪上出问题的时候，第一个受到影响的是肝，但肝不会白白受着，会把问题"转嫁"给脾。脾承受不了这些重担的时候，就会出现各种问题：要么吃不下饭，要么狂吃不已等。这些举动又会反过来对脾造成严重的伤害，形成一种恶性循环。

　　脾就相当于军队的后方粮草，粮草出了问题，整个五脏六腑的秩序都会被打乱，"士兵"无心恋战，身体就会百病丛生，毫无抵抗力。所以，在生活中，我们一定要照顾好脾，不要让这位气血"大总管"疲于奔命。

仓廪实，底气足，五分钟健脾功让身体的气血总管底气十足

"脾为谏议之官，知周出焉"。

——《黄帝内经·素问遗篇·刺法论》

在中医繁荣的历史长廊当中，有一本书不容忽视，那就是《脾胃论》。这本由金代医学家李东垣所著的医学名著，将脾胃推到一个至高无上的地位。在所有的人都殚精竭虑地研究心、肝、肾等脏腑的重要性时，脾一直被人忽视着，甚至有人将脾置于一个"小丫鬟"的地位。

其实，这真的是对脾的莫大忽视。在五行当中，脾居中央，属土，"土"对于华夏这个悠久历史的农耕民族来说，意味着什么，我想不用多说。在人体当中，脾属于中焦，它上通下达，是消化食物的第一步，食物只有在脾胃腐熟，经过运化之后，才能在气血的推动之下，让清者上升，滋润心肺；浊者下降，排出废物。可以说脾胃是供应整个身体气血的"总仓库"，只有脾的功能正常，人体才能气血充足，阴平阳秘。否则，该吸收的吸收不了，身体就会出现各种问题，正所谓"内伤脾胃，百病由生"。

而在各个脏腑中，脾是最容易受伤的，其他的脏腑出现问题，都会直接伤害到脾脏，耗损脾经的经气，火生土，母虚子必虚，所以心火大的人，脾也会出问题；木克土，肝火大，会导致脾气不得宣发而内滞；土克水，脾不够健运则不能制约肾水；土生金，母不实子不固。每个脏腑出问题，都会通过经络影响到脾，所以说脾居中焦，是调和上下左右关系的，一个地方没有调和好，身体就会"报警"。

所以，**要想身体健康，首先要健脾，脾实则身不虚。**古往今来，健脾的方法很多，形意五行拳之一的横拳就是专门用来健脾的，有兴趣的朋友可以自己买 DVD 来学习。我们这里给大家推荐一个简单的健脾方法，整个动作练习下来，不超过 5 分钟，姑且称之为"**五分钟健脾法**"，只要你每天能抽出 5 分钟来练一练这套功法，天长日久，自然会脾健身强，百病不生。见下页图。

五分钟健脾法

1. 选取一个朝向南方的位置站好，头顶中天，双手从侧面向上平举，掌心向下（手心为阴，这样可以吸收地面的阳气）。

2. 然后举到头顶，双手在头顶中央呈莲花状，掌心向天。

3. 随后掌心向上，双手分置两边，与头顶齐平。也就是将双手劳宫穴与头顶百会穴放在一个平面上，共同吸取天地的黄气（黄色入脾）。

4. 调匀呼吸。吸气时意念从肚脐吸入宇宙中的黄色精气，呼气时意念将其送入脾胃。这样反复 9 次以后，右手拇指轻轻掐住右手中指第一关节内侧，放置小腹前。同时左手掌心在脾胃部慢慢画圈，意念带动脾胃内气机的运行旋转（女性左手放置小腹前，右手运行）。

5. 画圈的过程由脾向下到胃，再返回脾，顺时针 12～24 圈；再逆时针 12～24 圈。结束之后，意念引导脾胃中的阴浊之气，从左脚的涌泉穴排出，整个脾胃被纯黄色的阳光所笼罩。

我们知道，脾胃是气血生化的源泉，就像水源一样，如果源头有问题的话，整个一条河都很难干净。而我们人体这个"源泉"偏偏又位于中焦，就像交通要塞一样，四通八达。这样的地方往往也是最容易受"污染"的，气血不足、不顺，脾胃都会受到"指责"，而情绪不好也会导致脾胃受伤，肝气不舒，会传于脾；心火难降，会影响脾……而现在人每天思虑不断，这更会直接伤害脾。前面说脾是气血的"总仓库"，其实，脾更是一个大管家，上要辅佐主人管好大家庭，下要照顾到各级各处，不能有所偏废，而所有的地方不顺，都可以拿脾来"出气"。所以，中医说一年四季要养脾，我们在平时生

五分钟健康法

每天 5 分钟，就可以让人体的"气血总管"脾健健康康，
源源不断地给身体提供气血。

活中，也一定要注意脾的养护。除了吃喝方面要注意以外，没事的时候多练练这套健脾法，只要每天花 5 分钟，就可以把脾养得健壮结实，脾好了，气血就足。气血足了，人体还有什么解决不了的问题呢！

"相思病"其实是"脾病"，食欲不振
喝几口温脾和胃酒最舒服

> "思则心有所存，神有所归，正气留而不行，故气结矣"。
>
> ——《黄帝内经·素问·举痛论》

"梁山伯：贤妹妹，我想你，神思昏昏寝食废。

祝英台：梁哥哥，我想你，三餐茶饭无滋味……"

这是中国经典爱情故事《梁祝》中的唱词，相信所有曾经有过恋爱经历的人都能够感同身受。可是有没有人想过，为什么心里想念一个人的时候，会吃不下饭呢？

这个问题还得从"脾"来解释。思伤脾，长时间地思念一个人，很容易导致体内的气血运行不畅，凝聚不动，伤害脾气。而食物的消化功能是由脾来完成的，所以，**当一个人长时间沉浸在一种情绪当中，无法自拔的时候，脾就无法正常运化，胃的食物没有经过消化，自然就无法再吃下东西了。所以说，"相思病"其实是"脾病"。**

对这种因为思念，或者长时间思考某件事情而引起的脾运化无力，不思饮食的症状，就得想办法来健脾了。健脾的食物，曾有人极力推荐山药薏米芡实粥。不过对于心情不好、思虑过度的人来说，要他去熬这样一锅粥，估计也没那个心情。所以，我这里给大家推荐一款**温脾和胃酒**，在心里有无法排遣的事情的时候，喝上几杯，效果会非常好。

这道药酒来自于《药酒汇编》，用来治疗脾虚导致的食欲不振，已经是久经临床了。不管是脾胃虚弱，还是消化不好，血脉运行不畅，都可以喝几杯药酒来调理脾胃。

思虑过度、食欲不振的人，每天三餐饭之后三小时，喝上一小杯

（大概 15～20 毫升），过不了几天，问题就可解决。因为酒本身就有舒经活血的功效，而这道药酒中的药物更是作用非凡，人参补气，白术、淮山药健脾，山楂消食，生姜温胃散寒，配合在一起，对脾胃而言，有很好的滋补效果。而且，大家都知道，心情不好的时候，喝喝酒本身也有很好的消遣作用。见下图。

所有的人都知道"抽刀断水水更流，举杯消愁愁更愁"。不过，心情烦闷的时候，抽刀断水，举杯消愁，也未尝不是一种很好的排遣方式。只不过，这刀，这酒，不要在发泄的同时，伤害了自己，足矣！

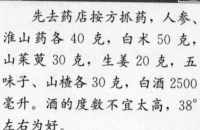

温脾和胃酒

先去药店按方抓药，人参、淮山药各 40 克，白术 50 克，山茱萸 30 克，生姜 20 克，五味子、山楂各 30 克，白酒 2500 毫升。酒的度数不宜太高，38°左右为好。

然后将这七味药切成薄片或者捣碎，用医用棉纸封包起来，放入容器中，再向容器中倒入白酒，密封浸泡 21 天，之后过滤去渣即可。

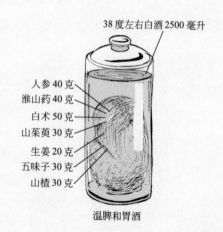

38 度左右白酒 2500 毫升

人参 40 克
淮山药 40 克
白术 50 克
山茱萸 30 克
生姜 20 克
五味子 30 克
山楂 30 克

温脾和胃酒

药酒在中国已经有上千年的历史，平时花点心思浸泡几瓶，每天喝一点点，可以很好地温经通络，改善身体和心情。

"饭局"是消化道疾病的推手，
按揉手心就有效

"谷气通于脾，雨气通于肾。六经为川，肠胃为海，九窍为水注之气。以天地为之阴阳，阳之汗，以天地之雨名之；阳之气，以天地之疾风名之。暴气象雷，逆气象阳。故治不法天之纪，不用地之理，则灾害至矣"。

——《黄帝内经·素问·阴阳应象大论》

我在临床遇到的脾胃疾病患者当中，有很大一部分是公务员。每每这个时候，我就会给他们推荐一个小方法，那就是按揉手心，也就是手掌的中心，差不多是劳宫穴的位置，不过并不要求严格到一个穴位上，再加上食指正下方的脾胃大肠区，在这几个地方按压一段时间之后，大多数人都能给我带来惊喜的消息。

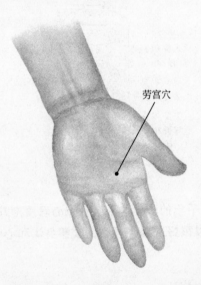

劳宫穴

手心的劳宫穴很好找，随时地刺激几下，可以保护心脏。而脾胃大肠区则是调治脾胃的最佳地点。

很多人都有一个共同的疑问，那就是自己怎么会得脾胃方面的疾病？因为他们觉得自己工作时间固定，作息正常，而且工作上也没有太多的起起落落，压力无限。

其实，要说起来，可能谁都想不到，这和他们经常应酬有很大的关系。公务员，尤其是有一定职位的，经常需要参加各种各样的饭局。看起来，大家一起吃吃喝喝地把工作完成了，很轻松也很开心。可实际上呢？饭局上谈事情，不仅食不知味，还极其容易引发各种各样的脾胃方面的问题，如胃溃疡、胃下垂之类的，这是因为脾主运化，人吃完饭，是需要脾来消化的，气血应该集中于脾胃来帮助消化。但如果这时候你再去思考其他问题的话，气血难免会分散一部分到脑子里，帮助你思考，时间一久，食物得不到充分消化，脾胃功能肯定会受影响。

认真观察一下就会发现，不仅经常应酬、参加饭局的人如此，那些需要在吃饭的时候工作、工作的时候吃饭的人，脾胃大多不太好，如司机，尤其是开长途车、出租车的司机最容易得胃病，原因就是因为他们一吃完饭，就坐上驾驶座，这样一来，气血自然就往头上走，时间一长，出现问题就很正常了。

现在脾胃出问题的人这么多，大家应该好好静下来想想，是不是一吃完饭，立马坐到办公桌前面，马不停蹄地开始工作了？要知道，这也是很伤害脾胃的。所以说，不要把吃饭当成一件差事来应付，而应该好好坐下来，慢慢吃完，休息一会儿再工作。

如果你能做到这一点，再加上本文开头，我所介绍的揉手心的按摩方法，坚持一段时间，相信你的脾胃能够得到很好的改善。因为手心是劳宫穴所在的位置，劳宫也就是心脏的宫殿，老是思考问题，心弦会绷得很紧，这时候，揉揉手心，就相当于让心脏回宫殿休息，可以放松神经。而脾胃大肠区就更不用说了，按照全息反射区疗法的理论，按摩它是直接刺激脾胃的，经常对它进行刺激，可以有效地增强脾胃功能，改善身体状况。手心劳宫穴也可用一个圆圆的小木棒来点压；而脾胃大肠区用另一手的大拇指来按揉就可以了，双手都要按摩，每个地方按摩 5 分钟左右就可以了。

很多人可能改不了自己的生活习惯，所以干脆破罐子破摔，啥也不管。如果是这种思想的话，我想说再多的话也无济于事。如果你不是这样，很想调理自己的身体，可生活习惯由于各种原因一时无法更改的话，那我建议你还是坚持每天按揉 20 分钟左右手心，因为它可以帮助你放松情绪，刺激消化，只不过效果不那么速效而已。**毕竟，要想从根源上解决问题，不再受脾胃问题的困扰，还得从生活习惯上下手，毕竟任何医治手法都只能救命不能"救性"。**

糖尿病的治疗法则是益气健脾

"夫五味入口，藏于胃，脾为之行其精气，津液在脾，故令人口甘也，此肥美之所发也，此人必数食甘美而多肥也，肥者令人内热，甘者令人中满，故其气上溢，转为消渴"。

——《黄帝内经·素问·奇病论》

有一次，无意中翻看近些年的病例，发现 30～40 岁的中年糖尿病患者比 10 年前明显增多，而且这些人大多是脑力劳动者，如教师、IT 人士、公务员等。跟同事们说起来，一个个也都大为感慨。认真思索发现，这和当下人们的压力以及焦躁的情绪有很大的关系。

原因也不难理解，**长期沉浸在巨大的工作压力当中，绞尽脑汁，很容易因为思虑过度而损伤脾胃**，脾胃是津液化生、输布的枢纽，一旦受伤的话，运化的功能就会失常，津液不能上达心肺，肺脏得不到津液的滋养，就会想喝水，这也就是李东垣（金代名医）说的："脾气不足，则津液不能升，故口渴欲饮"。按照五行来说，脾属土，肺属金，土生金，脾土不好，也会直接影响肺金的宣发；同时，脾虚津亏，中焦的胃土得不到津液的滋养，必然胃火内炽，中焦烦热，难免感觉渴饮，需要大量的食物和水来补充不够的能量。

所以说，脾气不足的话，既不能输布津液于心肺，又不能滋润四周，喝下去的水会直接进入下焦，过多的水会导致小肠以及肾的功能出问题，这些水直接进入膀胱，除了徒劳地增加膀胱的负担，对身体来说也毫无用处。

最重要的是，津血同源，相互转化，津液进入脉中为血，血渗透脉外就是津液，所以，津液一旦亏虚，血液必然黏稠，血液一旦黏稠，则血液中的糖分、脂肪等含量都会增高，这样一来，会形成恶性

119

循环，导致各种疾病丛生，这就是糖尿病患者最害怕的并发症。

现代研究也发现，那些情绪不稳定的人，内分泌功能会失调，这样一来，肾上腺素分泌增加，去甲肾上腺素和甲状腺素功能亢进就会抑制胰岛素分泌，从而诱发糖尿病。所以，西医说糖尿病是内分泌的问题，而中医说糖尿病是脾的问题，其实原理是一样的。

所以，在治疗上，除了服用各种降糖药之外，健脾才是真正的祛病之本。在治疗这个病上，名医张仲景的《伤寒论》中有一个最著名的方子——**人参白虎汤**，近代名医张锡纯将方中的粳米换成淮山药使用，效果也非常不错。而我更喜欢食物来调理身体，所以，这里我给大家推荐一道**健脾糕**。

不过，如果情绪调整不过来的话，再好的方法也难起作用。**所以，当心情压抑、纠结着某件事情难以想通的时候，不妨深呼吸几次，做做第三章说的"双肘相扣疏**

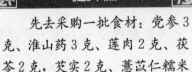

健脾糕

先去采购一批食材：党参3克、淮山药3克、莲肉2克、茯苓2克，芡实2克、薏苡仁糯米15克、粳米35克、冻蜜5毫升。

先将糯米、粳米等用小火炒黄，磨成细粉；其他的材料也都磨成粉（可请药店的人代劳），将这些材料放一起拌匀，然后加入蜂蜜，再调入适量清水，揉成面团，蒸熟，之后取出切成小块即可。每天早上可蒸一两块来当早餐吃，长期食用，会有明显的健脾固肾作用，是辅助治疗糖尿病的一个不错的小方子。

薏苡仁糯米 15 克
莲肉 2 克
茯苓 2 克
淮山药 3 克
党参 3 克
芡实 2 克
粳米 35 克
冻蜜 5 毫升

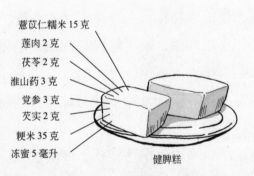

健脾糕

将各种药材磨成粉，调和在一起，用蜂蜜、白糖调味，入口绵软的同时有很好地健脾固肾的作用。

肝利胆法"。 因为肝木克脾土，思虑在暗耗脾气的同时，也会压抑肝气，肝气得不到很好的疏散，会反过来克制脾气，导致问题日趋严重。所以，这时候，要肝、脾一起调理，这样双管齐下，才能保证将问题解决得更加尽善尽美。

孩子脾胃虚弱，记忆力下降
按摩手心加山药粥就好了

"两精相搏谓之神，随神往来者谓之魂，并精而出入者谓之魄，所以任物者谓之心，心有所忆谓之意，意之所存谓之志，因志而存变谓之思，因思而远慕谓之虑，因虑而处物谓之智"。

——《黄帝内经·灵枢·本神》

一位正在读高中的学生给我反映说，自从进入了高三之后，他的记忆力明显下降，以前记个英文单词，读几遍就记住了，可现在翻来覆去，看了好多遍还是记不住。眼看着就要高考了，再这样下去，多年的努力只有付之东流了。迫不得已，在熟人的推荐下，他想到来看看中医。

我没说什么，就跟他闲聊起来，原来，离高考只有一个学期了，学习压力很大，从早到晚他的课程表上都排得满满的，即使是早晚休息时间也都被利用了起来。妈妈为了他能考上理想的大学，在饮食上也是费尽心思进行搭配，天天变着花样给他做饭。可是，他的成绩非但得不到提高，反而日见下降了，最明显的就是记忆力下降。

我告诉他，这是脾虚的表现。他很不解现在的学生记忆力普遍下降，这并不是某一个人的事情，是一个社会问题。学习压力太大，用脑过度，再加上担心高考过不了分数线，担忧之情聚积于内，很容易暗耗脾气，导致脾的运化能力减弱。而家长呢，对此一无所知，只觉得孩子很辛苦，需要多补一些，就给孩子做一些滋补的东西，脾弱无法消化，再给塞进去一些油腻滋补的东西，脾只会越来越虚。

按照中医的说法，**脾是藏意的**，《灵枢·本神》说："**心有所忆谓之意**"。"意"也就是忆的意思，就是将外界获得的知识经过消化取舍，保留下来形成回忆的印象。如果脾的功能很强大的话，对于食物和营养的吸收能力就强，那样的话，气血充盈，其他的脏腑也能够得到充足的供应，表现出来就是肾精充足、心力强劲，这样一来，自然思路清晰，意念丰富，记忆力强了。

同时，现在的孩子，记忆力普遍下降，和吃了太多的垃圾食品，没有得到真正的营养有很大的关系，这一点很多人看到了。但学习压力大，用脑过度这一点，却没有引起足够的重视。所以，教育部门一直提倡减负，实在是关系孩子未来身体与心理的双重举措。如果这一措施不尽早落实下来的话，孩子不仅体质会大大下降，更达不到父母和社会所期望的目标，正如《中西汇通医经精义》一书中所说"脾阳不足则思虑短少，脾阴不足则记忆多忘"，即脾虚不仅身体受影响，考虑问题不清晰，记忆力也会直线下降。

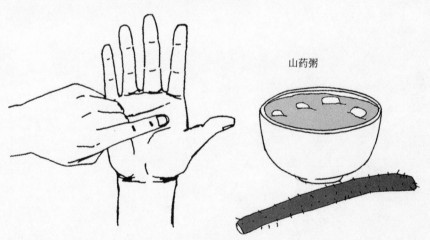

山药粥

健脾是一个细水长流的工程，不要企望一时一药的功效，平时多按摩
按摩手心，吃些清淡小粥，就是对脾最好的照顾。

我告诉这位同学，让妈妈多熬一些山药粥等清淡的小粥来调理他的脾胃，课间休息的时候结合前文说过的按摩手心的方法来放松心情，健运脾胃。这样坚持了半个月，这位同学的精神状态就好了很多。见上图。

孩子大多脾胃虚弱，饮食又追求新奇刺激，不注重养生，再加上学习任务繁重，脾承担了太多。就好像我们的母亲一样，从孩子出生那一刻起，就一直任劳任怨地为孩子操劳，没有怨言，直到无法忍受，问题出现之时，才悔之晚矣！正所谓"树欲静而风不止，子欲养而亲不待"，这是一种怎样的痛楚和无奈。脾也一样，作为后天营养的本源，更需要我们善加对待，从小就开始重视起来。

胖不是你吃得太多，而是你想得太多

"人以水谷为本，故人绝水谷则死，脉无胃气亦死。所谓无胃气者，但得真脏脉不得胃气也"。

——《黄帝内经·素问·平人气象论》

说到肥胖的话题，相信很多肥胖者都会不管不顾先看看再说。其中的绝大多数人是想觅得一个减肥的妙方。不过，如果你不把根源问题解决掉，再好的减肥方子也只能是刻舟求剑，缘木求鱼，不得要领。

很多人觉得胖是因为吃得太多，其实不是这样的，事实上，很多人即使是喝白开水也会胖。原因在哪里呢？就是脾肾两虚。脾主运化，如果脾虚，水谷精微就不能运送到全身，堆积起来就是赘肉，脾位于中焦，所以很多人胖都是从腹部先胖起来的。

除了吃喝等生活方面的习惯会导致脾虚之外，思虑太多是脾虚的一个重要原因。《内经·举痛论》说"思则气结"，想得太多了，气结于中焦，运行不畅，就会导致气血生化不足。

肾中精气需要脾胃的供应，脾胃气血生化不足，必然导致肾气虚弱。肾是生命的原动力——真阳的寓所，肾气不足，身体的动力就不足，脏腑就无法正常"工作"，新陈代谢速度就会减慢，胖也就是自然而然的事情了。女人怀孕、生子，身体会迅速地发胖，很大一部分的原因就是体内的肾气需要去滋养胎儿，自身肾气不足而形成的。过了35岁，会迅速地衰老、发福，原因也和肾气大有关联。

看看我们现在人的思想，每天殚精竭虑，说得好听点叫谋求进取，实际上是欲望太多所致，这样一来，必然会伤害脾气，导致吃的东西消化不了，体形呈横向发展。这时候，解决问题的办法得分三步走：**第一，赶紧停止思虑，让脾气不再凝结；第二，恢复脾的消食功能，让它能够正常运转起来；第三，少吃一点，不要再加重脾的负担。**

我们现在的人很强调第三点，所以这一条做起来不难。不过，节食也要有个度，适量地减少食物，减轻脾的负担很好。但是，不吃或者吃得太少，脾没有东西可以消化，脏腑得不到该有的气血供应，身体只会越来越虚弱，久之必然会得病。

所以，最关键的还是前面两条，第一条就需要我们加强自身的修炼，劳逸结合，一个问题找不到答案时，不妨出去走走，或者做点其他自己喜欢的事情，舒缓一下神经。这样，人的主观思虑就不会干扰脾本来就有的修整、养护功能，这就是中医说的"识神不扰元神"，脾脏功能在这种情况下能够最大程度地得到维护和发挥。

健脾药

每天晚上睡觉之前，用热水泡脚20分钟，然后准备一瓶橄榄油或者其他的按摩油，让自己身边的亲人（自己也可以操作，就是比较费力），用手掌从小腿内侧开始，沿着脾经的循行路线，向上按摩，左右两边各按摩3～5遍，小腿部分尤其要稍微用劲，有发红发热的感觉为宜。然后着重刺激肾经的太溪、照海穴，脾经的三阴交穴，胃经的足三里穴，任脉的气海、关元穴，每穴1分钟。

按摩结束之后，翻身俯卧，用双手的拇指点按背后膀胱经上的脾俞、肾俞、三焦俞等穴位各1分钟。

第二条养脾的方式很多书中都有提到，如"芡实薏米山药粥"、"薏米红豆粥"等方法都很不错。但我个人还是推荐利用人身上自带的**健脾药——经络和穴位按摩**。见下页图。

中医说："肥人多痰而经阻，气不运也"。意思是说，胖人往往痰多湿重，经络阻滞，原因就是气的运行不畅，解决的重点就是祛痰除湿，疏通经络，让气的运行顺畅。还有什么方法比循着脾经的方向按摩更能刺激脾经的经气运行呢？气的温煦和推动，能够很好地调节人体营养物质和水液的代谢，改善脏腑的功能状况。再加上穴位的重点刺激，可不比其他的外力作用效果更好吗？

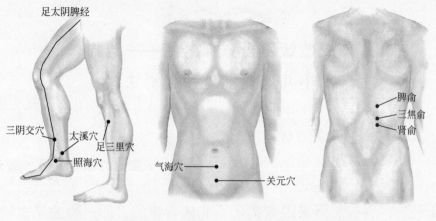

足太阴脾经

三阴交穴
太溪穴
足三里穴
照海穴

气海穴
关元穴

脾俞
三焦俞
肾俞

脾肾阳虚是长胖的重要原因，减肥的关键是健脾助运化。

　　我将这个方法讲给一位远从西藏而来的同道中人听，谁知道，他听完之后，并不点头，而是微笑不语。我很纳闷，不知道自己说的有何疏漏之处，急切请教。他慢条斯理地告诉我说："在藏医当中有一个词叫做'阿赖耶识'（相当于我们现在说的潜意识），人体的很多变化都和'阿赖耶识'中过多的毒素有关，而胖就是当中的贪欲过多。一个人想要的东西太多的话，就会削弱体内的拙火（真阳），如此一来，脏腑就得不到应有的温煦，垃圾就无法带走，久而久之就会形成肥胖。所以，在藏医看来，肥胖不是营养过剩，而是内心贪婪过剩。"这番话让我想到一个词：脑满肠肥。而我们在说这句话的时候，往往后面会跟一句"贪得无厌"。我们在说一个人很胖、欲望很多的时候，不是总习惯用这个词来概括形容吗？

　　"如果不能控制自己内心的欲望，再好的方法也只能是隔靴搔痒，抓不到核心"。藏医如是说。这番话套用中理的医理来说，也算是"诸病于内，必形于外"的另一种诠释吧？一个人有着怎样的内心，天长日久，必然会表现在其外表上。也许，对于想要减肥的人来说，清除心里的"毒素"比排出身体的"毒素"更重要。

从此吃饭不再猫抓老鼠——治疗小儿厌食症就用捏脊法

"饮食自倍，肠胃乃伤"。

——《黄帝内经·素问·痹论》

经常碰到有父母来跟我询问小儿厌食症的，那一脸的无奈和痛心，看得我也觉得难受。以前大人是想吃没得吃，现在的孩子可好，有的吃不想吃，家里就这么一个孩子，却长得面黄肌瘦的，大人们怎么能不心痛呢？

不过，这里我还是得提醒一下，父母不是光有爱心就可以了的，还得懂得怎么去爱，即怎么样的爱才是真正为孩子好的。我见过一对父母，他们每天拿着饭碗在孩子后面追着让他吃饭，吃个饭，简直就像是玩一场捉迷藏的游戏。哄到筋疲力尽的时候，就开始发火，用强迫的手段让孩子吃下去。一顿饭下来，孩子不高兴，大人也是身心俱疲。用他们的话来说，哄孩子吃饭，简直比打一场仗还痛苦。

要我说，之所以把吃饭这么简单的问题搞得这么复杂，关键还是父母没有了解孩子不爱吃饭的原因。孩子是稚阴稚阳的体质，脾胃还没有长好，很虚弱，而现在的饮食呢？不是油炸的，就是烧烤的，我们的脾胃都很难适应，更不用说幼小的孩子了。再加上零食的"浇灌"，孩子就更不爱吃饭了。

很多父母对于孩子的营养问题很注意，却忽视了孩子的心理问题。甚至有的父母觉得孩子还小，不懂事，很多情绪上的发泄也不避开孩子，如夫妻吵架等，而在饭桌上教育孩子更是家常便饭。殊不知，这种情绪上的伤害也会造成孩子厌食，情绪首先伤害的是肝，肝木克脾土，肝不好，就会伤害到脾，脾不好，人就吃不下东西。而且，现在的孩子学习任务繁重，除了要学习课堂上老师讲的，绝大多数家庭还会给孩子报个"兴趣班"、"特长班"啥的，而这些额外的伤脑筋的学习任务也会影响孩子的生长发育，导致他们的脾胃功能很差。

所以，**我们说孩子要茁壮成长，不光是身体上的，也包括心理上的，而这两者偏偏还互相关联，彼此影响。** 这里给家长们推荐一个帮助孩子消化，治疗厌食，也能对他们身体的发育助一臂之力的按摩方法——**捏脊**。见下图。

孩子是一个单纯的群体，心理如此，身体也是如此，一般的疾病，只要发现得早，及时采取有效的手段，基本上来说都不会太费劲。因为孩子正处于生长发育期，脏腑器官也在成长当中，新陈代谢很快，有什么问题稍加调整就能很

小儿捏脊

让孩子俯卧，用双手的食指和拇指提捏小儿脊柱皮肤肌肉（可以在后背抹上一点滑石粉，防止擦伤皮肤），一般捏三次提一次，先从颈椎到尾椎，再由尾椎到颈椎反复 10 次左右，直至皮肤潮红为止，手法一定要轻柔，不要让孩子感觉很痛不配合。每天晚上睡觉前，或者其他空闲时间，孩子空腹的时候捏一次。每次捏完之后，再在脾俞穴上用拇指按压 2 分钟。一般来说，这样按摩两天，就会感觉到孩子的食欲有所增进。

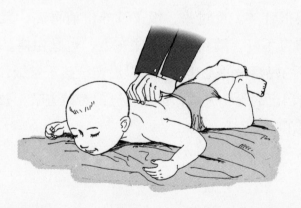

食欲和消化都是脾的任务，治疗孩子厌食的最根本方法是调节脾的功能，捏脊就可以达到这个目的。

快地好转。所以，我们会发现，有些孩子很瘦，只要换个环境，或者换个人来调养一下，要不了两个月，就会胖起来。这不仅和照顾他的人对于营养的掌握、饭菜的调配有关，还在于父母的引导。

记得我一位好朋友，他儿子小的时候，谁喂饭他都不吃，只要他奶奶喂。后来奶奶回老家去了，换成妈妈喂。饭菜的味道明明是一样的，可他就是不吃。奶奶回来以后，食欲就明显看涨，小脸蛋也很快圆起来。虽然奶奶和妈妈的爱心是一样的，可对孩子的耐心，妈妈确实比奶奶差了些。可见，孩子的感觉是很敏锐的，只是这细微的差别，在孩子那里，反映出来的效果却大相径庭。

所以，如果以为给孩子吃好穿好就够了，那培养出来的孩子不仅仅体质不会好，心理也会有很大的缺陷。而且，也不要以为吵架避开孩子，在孩子面前表现得很和睦就可以了，孩子的感觉非常敏锐，再加上他们缺乏安全感，对父母的依赖性很强。如果父母不能调适好自己的心态，经常吵架、打冷战，而在孩子面前不管表现得多么好，也是徒劳无功。

细心的父母看到这里，应该会发现一个问题，那就是，孩子的厌食往往和家庭环境有很大的关系，如果父母之间关系亲密和睦，能够营造一个和谐温馨的家庭环境，即使饭菜的质量有限，孩子也能吃得很香，成长得很壮实。反过来，饭菜营养价值再高，家里面冷清清的，孩子的脾胃不好，消化不了那些东西，也是白搭。明白这个道理，对于年轻的妈妈来说尤其重要，以后在给孩子做饭，让孩子吃饭的时候，带着自己的爱心去做，带着自己的希望去喂，孩子会吃得更香甜，长得更茁壮。

第六章

肺藏魄，要想气势恢弘先要肺气强盛

生活中，那些做事有魄力、果敢的人往往能成就大事，为人所敬佩，人们往往称其有气魄。这从中医的角度来解释的话，就是肺气强盛。肺主气，司呼吸，人体的气血由脾胃生化出来之后，要进入肺脏再进行调配。肺脏健康的话，指挥调配的能力就强。这就好像一个将领指挥调度的能力一样，底气越足，越能游刃有余。

然而，肺是娇脏，稍不如意便会受伤，心情低落了，天气干燥了，都会影响到肺，肺主气的功能就会下降。肺气一降，人对外界的刺激就会格外敏感，变得忧愁内向起来。要想心情高昂，就要保证肺脏不受伤，肺气的出入肃降不出问题。

女性皮肤不好及皮肤瘙痒
可以用枇杷膏来调治

"人受气于谷，谷入于胃，以传于肺，五脏六腑皆以受气"。

——《灵枢·营卫生会》

一位女性朋友拿了一堆的化妆品来请教我，说让我给她分析其中的成分，哪些能用，哪些不能用。她之所以突然谨慎起来，是因为她的皮肤问题越来越严重，暗沉、长色斑、干燥起皮，用了很多顶级的化妆品，可丝毫不起作用，近来甚至还瘙痒得厉害，时不时想抓抓，感觉像是皮肤过敏的症状。

我告诉她，我不懂成分分析，对美容也没有研究。然后我把中医的原理讲给她听：心、肝、脾、肺、肾任何一个脏腑不好都有可能导致肤色不好看，如晚上熬夜了，肝血不能推陈出新，脸色会发黄发青，不红润；肾不好的话，脸色可能发黑；心火过大，皮肤很可能"艳若桃花"……这当中，又以肺与皮肤的关系最为密切，因为肺司呼吸，通调一身的水道。经过脾消化的水谷精微变成气血津液之后要进入到肺里，然后再进行调配。皮肤是人体最大的器官，占的面积最大，又由肺来管辖。如果肺气不足的话，就没有办法来调遣这些气血津液，而会被其他的脏器"抢走"，这样一来，肺底下的"子民"当然就只能饿着肚子了。得不到气血的供给，皮肤就得不到滋润，再加上外界风寒暑湿的侵袭，皮肤会干燥、暗沉、没有血色，长出各种奇怪的东西来，也就不足为怪了。

她若有所思地点点头，似懂非懂，说："你的意思是说我肺不好？可是我一直很注意呀，吃的、运动都是按照你以前给我讲的那些来的"。

"除了吃的，其他的方面呢？我刚看你的气色，还有舌苔，很明显的肺阴虚"。

她眉头皱成一团，冥思苦想。

"最近有无熬夜？"她点头。

"工作压力很大？"再点头。

"经常心烦上火？"再次点头。

······

"这些和肺阴虚有什么关系吗？"

她睁着大而无神的眼睛看着我，一副漠然不解的样子。我想这可能是大多人的疑问，大多数人只知道在身体不好的时候，情绪会很低落，却不知道当情绪低落的时候，身体也会大受影响。熬夜会使体内肝血储藏不够，"心主血"，心情烦乱，压力过大，血行必然缓慢，"血为气母"，血不足，气也会不足。如此一来，上焦的肺必然没有充足的气来输布津液，肺主皮毛的功能就得不到发挥，皮肤就会干燥、苍白。现在的很多上班族没有意识到这一点，拼命拿辛苦挣来的钱去买各种名贵的化妆品，却不知道那些完全是浮在面上的东西，一旦撤去，立马真相毕露，连自己都看不下去。更有甚者，就像这位朋友一样，非但没有起到美容效果，反而毁容，真是花钱买罪受。

当然，只要辨清了症状，治疗起来就很容易了。肺阴虚可食用的东西很多，如燕窝、百合、梨、银耳、藕等性平凉的白色食物都是肺阴虚症的最佳食物，每天拿其中一两种和大米一起熬成粥，有很好的滋阴润肺作用。不过，上班族要每天熬粥可能没有这么多时间，我这里给大家推荐一种**枇杷膏**，抽个空闲的时间多做一点，放在冰箱里，每天吃上几勺，不知不觉中就将肺养好了。

看到这个方子，很多人可能会感觉似曾相识。是的，这和超市里卖的枇杷膏大同小异，但市场里的东西往往掺杂太多其他的东西，如防腐剂、色素以及过多的糖分等，效果和口感都大打折扣，常吃对身体并不好。稍微勤快一点点，自己买点材料做来吃，感觉会完全不一样。

枇杷膏

先准备 50～60 片枇杷叶（干鲜均可），梨子 2 个，去皮切碎，红枣 250 克，莲子（干莲子事先浸泡 24 小时）120 克，蜂蜜适量。

先将枇杷叶洗干净，用清水煮沸，然后将枇杷叶捞出来，用纱布过滤去茸毛留清汁；然后把梨肉、大枣、莲子、蜂蜜放入锅内，倒入枇杷叶汁拌匀（水量要没过食材），加盖用小火煮 20 分钟，搅拌一次，继续煮，直至成膏，然后用陶瓷罐收藏。

别看材料普通，效果却非同小可，否则一款枇杷膏也不会卖这些年，经久不衰了。要知道，这个方子来自《清太医院配方》，是专为那些生活在深宅大院的王公贵胄、嫔妃宫女们享用的，平民百姓轻易可看不到。

肺阴虚的女性很多，尤其在古代，一个最大的原因就是中国女性的性格内敛、含蓄，喜怒不形于色。现在也有很多人要求女性要做淑女，行走坐卧、言行举止皆有诸多要求。其实，不管是温柔淑女也好，

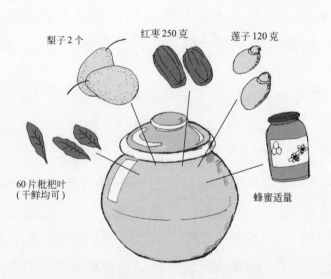

梨子 2 个　　红枣 250 克　　莲子 120 克

60 片枇杷叶
（干鲜均可）

蜂蜜适量

枇杷膏是来自清朝太医院的配方，历来是女性滋阴养颜的方子。

野蛮女友也罢，文静内敛也好，活泼开朗也罢，这些都是次要的，最重要的是能够流露出真性情，开心时大笑，伤心时痛哭，让本性流露出来，不压抑在心中。**"清水出芙蓉，天然去雕饰"**不仅仅是外貌，内心也一样，只有内外一致，才是最好的养心养性之道，也只有这样的女性才是最美的！

成人"青春痘"大多是内有忧愁暗恨生

"清静则肉腠闭拒，虽有大风苛毒，弗之能害"。

——《黄帝内经·素问·生气通天论》

刚参加工作的时候，我挺不明白的，夏天嘛，气候湿热，加上年轻人热气盛，内应外合，容易长痘痘，这很好理解。可这秋天，气温已经降下去了，天气那么干燥，怎么还有那么多人长痘痘，而且都是过了"青春期"的成人？

接诊多了之后才明白，原来这都是肺引起的。肺主皮毛，毛孔不开的话，皮肤上就容易长东西，而青春痘算是这当中最常见的一种。后来，在我的细心观察之下发现，这些前来就诊的人有一个普遍的现象：心情很低落。

一位结婚已经好些年，孩子也好几岁的女士来找我，说青春期的时候，她的脸上都没有长过青春痘，可近来，脸上却冒出了红色的小痘痘。虽然个头不大，可实在难看，而且一碰就痛，很难受。

我看她一脸的忧伤。心想，估计这事没那么简单，果然，仔细探询才知道，原来，自从生了孩子之后，她自觉身材变形了很多，每每对着镜子忧伤不已。老公虽然表面上没说什么，可再也不像以前那么"黏"着她了。她是那种性格内敛的人，不好意思去说什么，只能在心里暗自忧伤。我告诉她，这很可能就是她长痘痘的原因，她却一脸的不可置信。

忧伤会长痘痘这一点都不稀奇，肺之志为忧，忧伤肺。如果一个人长期沉浸在一种忧伤的情绪当中，就很容易导致肺气不足。肺主宣发，人体新陈代谢所必需的营养物质需要通过肺来调配，如果肺气不足，那么脾胃所产生的水谷精微就无法送达到全身，这样一来，气血就会郁滞而产生内热，肺主皮毛，皮肤自然会成为第一受害部位，《灵枢·痈疽》上说："上焦出气，以温分肉而养骨节，通腠理"。讲的就是这个道理。

这个病最容易在秋季发生，这也离不开情绪的因素，医书上说"女子伤春，男子悲秋"。春秋两季不仅是自然万物生长凋零的时期，也是体内阴阳转换的一个重要时期。所以，人在这时候情绪很容易发生变化。尤其是秋天，万物凋零，阳气收藏，阴气发散，人的情绪会不自觉地低落下来。

对于这种肺积热导致的面部青春痘的问题，治疗的关键就是助肺一臂之力，让肺经的经气得到宣发，所以，只要患者没有特殊情况，我一般都选择拔罐的方式。这可以说是最简单的清热泻火的方法了，而且没有什么副作用。

准备两个火罐，用棉签蘸酒精在罐内壁擦一下，点燃蜡烛，加热罐子的内壁，排出空气，然后迅速地将火罐扣在背部的肺俞穴和脾俞穴上。10分钟之后取下来，那里已经是一片紫红色，她当时就感觉脸上没有那么火辣辣的了，效果非常好。大概拔了10次之后，她脸上的痘痘明显消下去了。不仅如此，连体形都苗条了很多，这也不稀奇，**"肺朝百脉"，肺气调理好了，其他经络的气血运行会更加通畅，淤滞打通，毒素排出，身体内少了许多垃圾，瘦下来也是理所当然的了。**

有的人痘痘很严重，连背上都长有，这时候，也可以选取2～3处"个头"比较大的痘痘，用消过毒的针头将其挑破，将淤血挤出，看到鲜红色血液的时候停止，不过这最好请专业医生来做。用上述同样的方法在痘痘上拔几个罐，看皮肤紫红的时候就可以取下来了。

拔罐的方法很简单，现在有那种橡胶罐，拔上去之后抽出空气就可以，几乎没有任何危险，大家在家里就可以自行操作，需要注意的

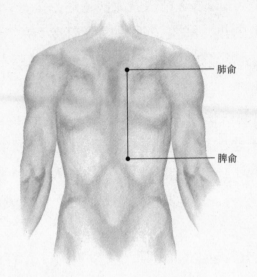

肺俞

脾俞

中医说：土生金，子虚母不实，肺出问题的时候，往往脾也不太好，

所以在调肺的同时，也要补脾。

就是拔的时间不要太长，10几分钟即可。另外取罐的时候，先压下罐边的皮肤，让空气渗入，让罐子自行脱落，不能强拉，那样会伤害皮肤。

不过，拔罐只是助肺气宣发的一种外治方法，如果你一方面想尽各种方法来宣发肺气，一方面又不能打开自己的心胸，让肺气自然发散出来，郁结在心。那么，别说拔罐，不管什么样的好方法都是无能为力的。毕竟，只有自己把心打开，阳光才能渗透进来！

参核姜枣饮，老年人气虚便秘的温补之品

"肺者，脏之长也，为心之盖也，有所失亡，所求不得，则发肺鸣，鸣则肺热叶焦。故曰：五脏因肺热叶焦，发为痿躄，此之谓也"。

——《黄帝内经·素问·痿论》

据报道，在北京 18～70 岁的成年人当中，有 6.07％的人患有便秘。虽然找我看病的人当中，确实有很多是被便秘问题困扰得很痛苦的，但我还是没有料到数字有这么高。记得曾经有一个患者，50 多岁了，据他说自己便秘已经 20 年了，按照报纸上说的，他每天早起一大杯蜂蜜水，一日三餐跟兔子一样，吃无数的青菜，补充膳食纤维但也就起几天作用。什么大黄、果导片、番泻叶，还有各种西药，还做过灌肠，问题非但没有解决，还越来越严重。甚至有人建议他去做直肠手术。实在是心有余悸，想来想去，才在别人的推荐下，来看中医。

其实，有些病确实是"中国式疾病"，用中医辨证的原理来治疗，比西医的效果要好很多。像这位患者的疾病，是典型的肺气虚弱引发的问题，从停车的地方走到这里一共不过 200 米，他却气喘吁吁的，还时不时咳嗽，坐在那里也不说话，所有的问题都是他的老伴在代答，脸色苍白，我们才穿一件衬衣，他却穿上了厚厚的夹克。

我让他跟老伴儿分开住一段时间，然后回去用生晒参 10 克，核桃仁 50 克，生姜 15 克，大枣 10 枚，水煎饮用，一天一次，三天之后就开始大便，一个星期之后，大便就软化了很多。差不多半个月，就变成一天一次，很规律了。这让他喜出望外，说很多年都没有享受过这种通畅的感觉了。

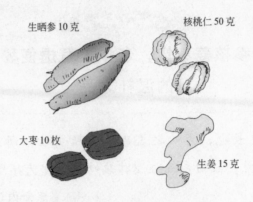

生晒参 10 克　　　核桃仁 50 克

大枣 10 枚　　　生姜 15 克

生晒参补元气，核桃仁润肠通便，生姜温补，大枣补血，四样物品合在一起，是治疗气虚便秘的最佳配方。

其实肺气虚弱症状，在老人当中属常见问题。肺与大肠相表里，且是水之源（金生水），水液的代谢有赖于肺气的宣发和肃降，肺气虚弱的话，这些功能肯定会受到阻碍，水运不畅，肠道干枯，大便当然难以通行。所以，很多人说，便秘了要多喝水，多吃蔬菜，这当然不错，但却忘了一个问题，就是你吃进去的东西，它能不能起作用？就像知识一样，你吸收了，但还得灵活运用，它才能为你带来实际利益，否则就成了"书呆子"。

而这款**参核姜枣饮**，最大的作用就是补肺气的，生晒参性味甘温，大补元气，补益脾肺；核桃仁不用说，最是温补肺肾，定喘润肠的；生姜和红枣也都是温补之品，对于老人气血虚弱、肺气不足有很好的补养作用。肺与大肠相表里，肺气补足了，推动力就强，便秘的问题自然也就解决了。

不过，从吃的方面来补足肺气固然很重要。但最关键的并不在这里，而是心理的放松。可能有细心的朋友已经注意到了，我让他跟老伴儿分开住一段时间，这又是为什么呢？因为一开始我就注意到，这位老人在家里是"妻管炎"，很怕他老伴儿。这么多年，已经形成了这种内敛、压抑型的性格，有什么事不说出来，习惯于放在心里自己咀嚼，时间长了，难免忧愁内生，伤害肺气，再加上年岁渐长，气血虚弱，问题越来越严重，就很正常了。跟老伴儿分开住一段时间，可以喘喘气，好好地休养生息一下，再加上食物的调理，自然会事半功倍，成效显著了。因此，我们在日常生活中，一定要多注意身边亲人、朋友的情绪，照顾一下他们的感受，不要光图自己高兴，因为这种情绪上的伤害是无形的。

便秘除了与肺受伤害有关以外，还包括其他的脏腑受伤害，而且都和情绪难脱干系，怒伤肝，肝火旺，肝血阴虚会导致便秘；思伤脾，脾气伤则传化失常，导致便秘发生；恐伤肾，肾主二便，肾阴不足的话会形成阴虚便秘，肾阳不足会造成冷秘；喜伤心，心火亢盛的话会出现热结便秘。

冷秘、阴虚便秘都是老人极其常见的症状，在治疗的时候一定要先弄清楚自己的问题是哪种原因造成的，而不是随随便便地弄些泻下的药来吃，那样会把原本就虚空的身体弄得更糟糕，有高血压、糖尿病的老人就更要小心为意了。

可能很多人会疑问，中医辨证是那么大一门学问，寻常百姓哪里知道是哪儿出了问题呢？这个呢，一言半语确实说不清楚。不过，就像我们吃鸡蛋不需要知道是哪只鸡下的一样，有时候，我们并不一定需要知道根源在哪里。很多的外治法我们都可以拿来使用，如推腹、摩腹可以推动体内浊物的蠕动；热水泡脚可以促进肾水上升，气血下行；细嚼慢咽可以让脾胃工作的效率更高……这些方法我们都可以融入日常生活当中，为我们的身体服务而不需要辨证。

在治疗便秘的问题上，我也从其他地方学来这样一个外治的小方法，这是一代宗师王培生先生发现的，动作很简单，就是向外翻掌，同时带动手臂向外旋转；如果你晨起腹泻的话，就反过来，向内翻就可以了。每天不拘时候，不拘地点，想起来做几次，每次转个两三分钟就可以。如果你非要问个子丑寅卯的话，建议你多了解一下经络方面的知识。否则，只知道获取知识，却不知道灵活运用。

防秋燥，止咳嗽，首选清肺除热甲鱼汤

"中焦亦并胃中，出上焦之后，此所受气者，泌糟粕，蒸津液，化其精微，上注于肺脉，乃化而为血"。

——《黄帝内经·灵枢·营卫生会》

说到咳嗽和肺的关系，相信大家都知道。秋天到了，天干物燥，稍微不小心，体质虚弱的人就会感染咳嗽的毛病。《黄帝内经》当中有一篇文章专门用来讲咳嗽，而且，岐伯老人家也一再强调"五脏六腑皆令人咳"。**引起咳嗽的原因很多，外界的风寒、风热、燥火、痰湿、阴虚等都有可能伤害某一个脏腑而引起咳嗽。**

其实，这些外在的因素很容易预防，难防的是内因引起的咳嗽，用一句俗语"外贼易挡，家贼难防"来形容再合适不过，这里面的"家贼"最厉害的要数忧愁，因为它直接伤害的是我们的肺脏。肺是娇脏，最容易受伤害，其他脏腑的问题也会转嫁到肺上来。更别说这种直接的伤害了。

悲哀忧愁会引起咳嗽。《红楼梦》中有很多描写情志病的地方，最鲜明的代表人物就是体弱多病的林黛玉，点滴小事都能让她洒泪到天明，别人一句不经意的话也能让她愁肠百转，思前想后，咳出血来，以致于脾胃尽皆受伤，水米不进，气绝而亡。

很多人对于外在因素引起的疾病觉得理所当然，可对这内因导致的疾病就觉得不可理解。其实，内因才是导致疾病的根源所在。因为情绪会影响人体内的气机运行，《灵枢·本神》中说："忧愁者，气闭塞而不行"。一个人常期忧愁悲伤，很容易伤肺，肺的肃降功能失常，气就难以正常运行，导致肺气郁结，气郁化火就会出现各种症状，咳嗽就是这当中的一种。所以说咳嗽只不过是肺腑病变，通过其他途径宣泄的一种方式，需要解决的问题在于让肺的气机运行正常，而不是单纯的止咳。

那怎么样才能让肺的气机运行正常，不出现问题呢？很明显，就是要去火，让肺的经气运行通畅，在这一点上，大家都知道秋梨膏有很好的滋阴润肺效果。不过，我这里给大家推荐一个清热效果更好的汤羹——**蒸贝母甲鱼汤**。见下图。

这道汤是历来治疗肺结核的经典方子，治疗一般的咳嗽可以说是药到病除，没有咳嗽的人在秋季干燥的时候，隔一段时间喝一次，也可以清肺热，防病强身。我们都知道甲鱼是很好的滋补药物，古人称其"补劳伤，壮阳气，大补阴之不足"，甲鱼肉性味平和，入肝经，具有滋阴凉血、补益调中的作用，对于肝脾肿大、肺结核等都有很好

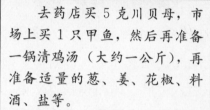

蒸贝母甲鱼汤

去药店买 5 克川贝母，市场上买 1 只甲鱼，然后再准备一锅清鸡汤（大约一公斤），再准备适量的葱、姜、花椒、料酒、盐等。

甲鱼宰杀干净之后，切成块，放入瓦罐当中，然后再加入川贝母、葱、姜、花椒、料酒、盐等材料，上笼蒸上一个小时。熟之后，趁热食用。

川贝母5克　　1只甲鱼

甲鱼汤

甲鱼肉性味平和，入肝经，有很好的滋阴凉血、补中益气功效。

的疗效，咳嗽的人隔两天喝一碗甲鱼汤，要不了两次就可以将症状消除。

不过，甲鱼虽然营养滋补，但油腻，吃多了会加重脾胃负担，导致消化不良，所以，肝病患者、脾胃虚弱的人以及孕妇等都尽量不要吃，可改用冰糖燕窝粥，效果是一样的。

话说回来，食补虽然好，但终究得通过内因才能起作用。如果你一方面想着通过甲鱼、燕窝来调理身体，一方面又因为大大小小的事情而心气郁结，忧愁烦闷，只怕是太上老君的仙丹也难以起效了。《红楼梦》中林黛玉一天一碗燕窝粥，终究也没能挽救她"香消玉殒"的结局，这或许是一种宿命，但更多的原因却不能不归结到她"一年三百六十日，风刀霜剑严相逼"的自怜心态。**我们的身体就是心理的一面镜子，心里哭，身体也会委靡不振；心里笑了，身体自然也会阳光灿烂。**

嗅觉不灵敏或鼻炎，就时常
练练健鼻功吧

"肺气通于鼻，肺和则鼻能知香臭矣"。

——《黄帝内经·灵枢·脉度篇》

生活中我们会发现，有的人嗅觉非常灵敏，老远的一点点香味都可以闻到，我们常称这些人的鼻子为"狗鼻子"。而有的人呢，嗅觉很迟钝，对各种气味都不敏感。这又是为什么呢？

其实，这是"气"在当中的影响。肺开窍于鼻，肺气通于鼻。如果肺气阻滞不通的话，鼻子对外界刺激的反应能力就会下降。感冒的人很难辨别香臭，原因就在于此。而另一方面，我们会发现，心情不好的时候，闻一闻自己喜欢的香味，深呼吸一口，感觉会非常好，甚至不好的心情也能在瞬间转忧为喜。一个人如果悲伤过度的话，不仅对外界美好的环境"视而不见"，对美好的味道同样"闻而不知"。

所以我们说，**情绪也会影响人的嗅觉，这当中最重要的原因就是肺气的升降通畅与否。**如果肺脏很健康，肺气很充足，肺的肃降功能很强大的话，鼻子对外界的刺激就会很敏感。否则，肺气虚弱，浊气无法下降，清气不能上升，鼻子得不到肺气的温煦，就会出现嗅觉故障。而鼻子不通畅的话，肺的功能也会严重受影响，时间长了，难免出现病变。

情绪对肺气的影响我们在前面已经说过不少，这里不再赘述。为了让大家有一个更加灵敏的嗅觉，更好地感受生活的美好，享受健康，我在这里给大家推荐一个**健鼻法**，专门用来锻炼嗅觉能力，方法很简单。

寒是"六淫"当中除了风之外的第二大外邪，很容易伤害肺脏，《灵枢·邪气脏腑病形论》中说："形寒寒饮则伤肺，以其两寒相盛，中外皆伤"。意思就是寒食进入胃，然后经过胃上达到肺，从而伤害肺脏。而实际上，鼻子在面部处于最高位置，是最容易受寒气侵袭的部位。要想肺脏不受伤害，除了在饮食上多加注意之外，鼻子也是需要重点呵护的部位。所以，**平常没事的时候，尤其是秋冬季节，每天做几次健鼻功，可以帮助肺祛除寒气，抵御外界寒气的侵袭。**有鼻炎，或者鼻子不太灵敏的朋友就更要引起注意了。见下图。

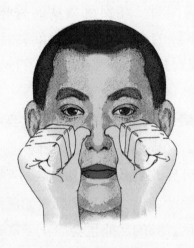

鼻子在面部位于最高位置，很容易受寒气侵袭，按摩鼻翼可以
有效加强鼻子的抗寒能力。

养生就是养气血

笑能让人青春永驻，最重要的就是它能养肺

"悲则心系急，肺布叶举，而上焦不通，营卫不散，热气在中，故气消矣"。

——《黄帝内经·素问·举痛论》

"笑一笑，十年少"是大家都熟知的一句谚语。可是有没有人知道它的中医原理在哪里呢？关键就在肺，笑能养肺。

我们都知道人逢喜事精神爽，一个人如果遇到喜事的话，整个脸面会呈现出一副很有生机的光泽，别人从他的神态和脸色上就可以看出他的精神状态很好。

这些都是因为肺，肺主皮毛，肺的功能强大，肺气强盛，皮肤就会细腻有弹性，光泽可鉴。按照五行金生水的道理来说，肺气充足的话，肾也能得到更好的滋养，肾气是人体的元气，肾气足，人就能更年轻，青春永驻。

《红楼梦》里形容林黛玉容貌的那句"两弯似蹙非蹙笼烟眉"，看似诗意，认真想一想会发现，这其实是皮肤极差的表现，一个年轻少女，两眉之间已经有了隐约可见的细纹，皮肤能好吗？这一点，我们从贾宝玉看到薛宝钗光洁的手臂如痴如醉，林黛玉嫉妒不已也可以看出，黛玉的皮肤不怎么样。这也难怪，一个人天天忧愁悲伤不已，咳嗽不断，肺的毛病多多，皮肤又怎么可能好呢？

中医说：肺在志为忧悲。也就是说，五志当中，忧愁关联的是肺，如果肺气虚弱的话，人就容易悲观、绝望、忧虑；反过来也一样，如果一个人不能调整自己的心态，动不动就悲伤、忧愁的话，很容易伤害肺气，影响肺功能。林黛玉就是因为心性太过敏感，对寄居人下总感到孤苦无依，所以才导致肺气严重受损，形成肺结核。

对于这个问题，关键的调养办法就是从心理上让其高兴起来，也就是中医说的"喜克忧"。心和肺虽然都处于上焦，却是一对"欢喜冤家"，是互相克制的。心属火，肺属金，火克金，如果心火过于旺盛的话，就会对肺脏不利。而"喜伤心"，能够抑制心火，不让心火过旺，使心气处于一种相对柔和的状态，这样就不会对肺脏造成影响。而且，"喜则气缓"，笑对于因为悲伤而凝滞的肺气有很好的宣散作用，凝结的气消散了，问题自然也就没有了。生活中我们经常可以看到，一个人很悲伤的时候，一个不经意的笑话很可能就让他忘掉悲伤，高兴起来，道理就是因为"喜克忧"。

前几天，我在一份报纸上也看到了同样的阐述，虽然是西医的解释，不过殊途同归，结论是一致的。报道上说，经常笑一笑能让胸部扩张，肺活量增大，排除肺泡内的一些"废气"，让血液循环更为顺畅，这样体内器官的供氧会更加充分。所以报纸上特别提醒退休的老人，可以定期选择到有山有水的郊区去活动，在那里开怀大笑，以促使肺吸入大量的氧气，呼出二氧化碳。这确实是一个调和心肺以及其他脏腑气血的好途径，住在市区的老人不妨每周去郊区走走，见见绿色植物不仅可以养肝，也是改善心情、养肺的好途径。

如果你仅仅以为笑能养肺，只有一点养生功效，那可就错了。就像小说中的武侠高手，一花一叶也能成为他们的利器一样，在高明的医生手里，"笑话"也是治病的良方。这样的案例在扁鹊身上就曾经使用过：传说有位皇帝因为国家大事操劳过度，忧虑不已，到最后头昏脑涨、水米不进、日渐消瘦。大家着急得不得了，服尽各种名贵丹方都毫无起色。后来找到扁鹊，诊视结束之后，扁鹊一本正经地说："皇上患的是月经不调的疾病"。一句话说得皇上哈哈大笑，将扁鹊驱逐出去。此后还经常与臣下谈及此事，每每捧腹大笑。不知不觉之间，自己的病竟然好了。

**人逢喜事精神爽，原因就是笑能涣散因为悲伤而凝滞的肺气，
让紧张的情绪放松下来。**

我们只知道病了，人心情会不好，所以对病人，大家总是尽可能地宽容。却不知道，心情差了，身体也会不好。与其等到身体患病了，再去忍让，何不在一开始的时候，就多一点宽容，多一点幽默，用微笑去对待别人，对待自己，像宽容别人身体的疾病一样，来宽容别人情绪的问题？见上图。

第七章

大道无形，道德修养才是让人不生病的良方

　　中国有句古话："良言一句三冬暖，恶语伤人六月寒"。生活中，那些对人宽容体贴，性格宽厚，待人至诚的人，身边往往会有更多的朋友，而他们的身体往往也更健康结实一些。孔子说："德润身"。其实反映的也是这个现象。道德修养虽然只是心理的事情，但在中医看来，人的生命是由身体和心理两者构成的。二者互相影响，身体不好了心情也难高兴，心理出问题了，身体也会跟着不舒服起来。

　　生命在于运动，但更在于道德修养。一个单纯的运动健将是很难长寿的，必须得劳逸结合，动静结合，将内在修为的锻炼放在一个至高的位置，只有这样的人才能真正的长寿、幸福。

修身为德，阴阳气和，道德修养是
维持脏腑阴阳平衡的根本

"夫上古圣人之教下也，皆谓之虚邪贼风，避之有时，恬淡虚无，真气从之，精神内守，病安从来。是以志闲而少欲，心安而不惧，形劳而不倦，气从以顺，各从其欲，皆得所愿"。

——《黄帝内经·素问·上古天真论》

报纸上说，密西根大学研究中心为了研究一个名为"社会关系如何影响人的死亡率"的课题，对加州一个县的 2700 名居民进行了长达 14 年的跟踪调查，结果发现，那些和别人相处融洽的人预期寿命明显比一般人长一些。

不过这个论点，中国早在千百年前就已经有了。药王孙思邈早就说过："性即指善，内外百病皆不悉生，祸乱灾害亦无由作，此养生之大经也……德行不克，纵服玉液金丹，未能长寿"。这话放在当今这样一个时代，可能很多人会嗤之以鼻，电视剧里的情节往往是"好人不长寿，祸害遗千年"。生活中，人们也越来越偏离道德修养的轨道。

不过，如果你真的想长寿，想健康的话，我建议你还是遵从老祖先的古训，好好地提升自己的道德水准，做一个有内涵、有修养的人。因为只有这样，你才能像孙思邈说得那样：百病不生！

为什么这么讲呢？这是因为良好的道德修养能够让脏腑保持一种阴阳平衡的协调状态。我们说**疾病的来源主要有两点，一点是自然界的风寒暑湿燥热等"六淫"；另一点是内在的喜怒悲思惊恐忧等"七情"**。这当中，对人体伤害最大的并不是前者，而是后者，当代名医周尔晋老先生也说，"内因"才是疾病的罪魁祸首。我们在前面已经反复提到过情绪过于波动会影响气机的循环："怒则气上，喜则气缓，悲则气消，恐则气下，惊则气乱，思则气结"。一个人在生活中处处小心为意，但内心里却从来不曾平静过，每天思前虑后，点滴小事记挂心头，体内的气血随着这种情绪的起伏忽上忽下，忽而扩散，忽而凝结，想想，柔弱的脏腑怎么能经受得起这种折腾？心里的波澜起伏可比自然界的狂风暴雨伤人多了。

德者寿，宽厚者寿，一个人，只有具备宽广的心胸，不为小事所累，才能气血和顺，颐养天年。

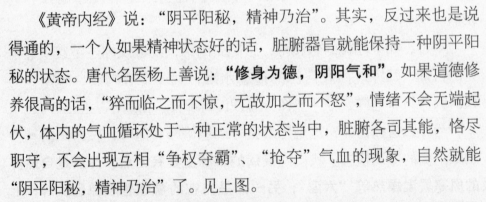

《黄帝内经》说："阴平阳秘，精神乃治"。其实，反过来也是说得通的，一个人如果精神状态好的话，脏腑器官就能保持一种阴平阳秘的状态。唐代名医杨上善说：**"修身为德，阴阳气和"**。如果道德修养很高的话，"猝而临之而不惊，无故加之而不怒"，情绪不会无端起伏，体内的气血循环处于一种正常的状态当中，脏腑各司其能，恪尽职守，不会出现互相"争权夺霸"、"抢夺"气血的现象，自然就能"阴平阳秘，精神乃治"了。见上图。

人的生命活动是以阴阳平衡为前提的，阴阳调和才能和自然界的阴阳保持协调平衡，能够随着四季的变化而自动调整体内气血的运行，这样一来，自然就能够健康无病。否则你今天胡思乱想，把脾给伤了；明天伤春悲秋，把肺给伤了；后天惴惴不安，把肾给伤了……日复一日，脏腑的复原功能严重受损，体内阴阳不平衡，机体和外界环境的协调遭到破坏，疾病当然就乘虚而入了。

而且，退一万步来说，如果你的心胸很宽阔，不为小事而情绪波动，即使有个高血压、心脏病的，也不会轻易犯病。带病生存，保持高质量的生活品质也不是什么不可能的事情。

"君子坦荡荡，小人常戚戚"。如果说坦荡是大海，戚戚就是一潭死水，外界的污秽进入大海会被涤荡得一干二净，而进入死水当中只会让潭水更加污浊。为人能够豁达、宽厚，就像大海一样，不会受外界的干扰，自然能阴阳平和、气血通畅，健康长寿！

正气内存，邪不可干，心正则百毒不侵

"正气内存，邪不可干，邪之所凑，其气必虚"。

——《黄帝内经·素问·评热病论》

我们经常用"一身正气"来形容一个人，这样的人似乎凛然不可侵犯，再怎么样的歪门邪道也无法让他投降。其实，这样的道理用在身体上也是一样的，如果一个人秉持很高的道德情操，正气内存，没有太多旁门左道的邪念的话，他的抵抗力会比一般人更强一些，不会轻易受到"病邪"的感染。原因也不难解释，因为正气内存的人，心态比较平和，状态很好，人在这种状态下，体质不会太过偏颇，外界的"邪气"无法透过卫气的保护进入体内，即使是体内的细菌，也可以和它和平共处。就像我们看电视剧里面的主角，好多时候，他是可以让白道、黑道的人都佩服不已，而不与他为难的。

《黄帝内经》中的"正气"，后人解释为脾胃之气，意思是说，如果脾胃之气充足的话，那么外在的恶劣自然环境就不会伤害身体。但从我个人的角度来说，我更愿意将其正解为一种心理的"正气"，一种精神力量。和做人一样，如果一个人的心中有着很强大的精神力量的话，他就可以朝着自己心中的道路一直走下去，否则很容易偏离原来的方向，被带入邪道。这个在抗日战争的片子中经常可以看到，同样被俘虏的人，有的人会毅然抵抗到底，而有的人最终俯首称臣，腐败变质，沦为被嘲讽的对象。后者说白点，就是内在的精神力量不够强大，"正气"不足。

用到养生的原理当中也一样，如果一个人"正气"很强大，那么外在的风寒暑湿之气就无法撼动它，体内的五脏六腑在这股"正气"

的保护之下，能够怡然自乐，顺利"工作"，身体自然不会得病。见下图。

苏东坡说："物必先腐，而后虫生也"。意思是"苍蝇不叮无缝的蛋"，疾病必然是你的体内先有让细菌、毒素存活的土壤，而后这些病菌才会闻风而至。所以西医治病，用抗生素、消炎药，其实都是解决表面问题。真正的根源问题没有解决掉，用再好的方法都是没有用的。

所以，圣人在教人们养生的时候，一再强调养心的重要性，名医朱丹溪在《格致余论》里就强调说："**心动则相火亦动，动则精自走**"。这里的"相火"是欲念的意思，心稍微有一点点活动，那么欲念就会跟着动起来，这样一来，就相当于原本完整无缺的鸡蛋上有了一个小小的裂缝，哪怕再小，也给了苍蝇可乘之机，问题就会接踵而至。

人和自然如出一辙，内心的正气就和天上的太阳一样，正气越足，光线越强，细菌的存活率越小。

我曾经遇到一位癌症患者，他是一位创造了医学奇迹的人，在被医院宣判只有半年存活期之后，也不知道通过什么办法，他硬是让医院将这个宣判改写，至今活了已经有 10 个年头。我当时很惊讶，虽然也听说过很多这样的事例，但亲眼瞧见还是第一回。我认识他的时候，他的精神状态很好，性情很开朗，有说有笑。据他说，在医生告诉他癌细胞已经扩散的时候，整个人都僵了，原先的很多计划、梦想，顷刻间化为乌有。在那段暗淡无光的日子里，他看了很多的书，慢慢悟到了一些东西，心情忽然亮堂了起来，似乎有一股阳光照入体内一样，心情再也不是"阴雨连绵"了。说也奇怪，这样子糊里糊涂过了几年，癌细胞居然减少了，连医生都大呼奇迹。

为什么同样的疾病，有的人能够战胜，而有的人却归于尘埃呢？在我看来，这是一种内心的精神力量战胜的，就像新闻里报道的 5 岁小女孩推动卡车，救出父亲一样，是不能用常理来解释的，唯有内心里生发出异于常人的力量才能做到。

但留一身正气在，敢叫痹痛不近身。我们经常听到有人说：做人要挺直脊梁骨。脊梁骨就是我们的督脉，督脉阳气充足，才能一身正气，不受外邪、疾病的侵扰。所以，**如果你能秉持自己的思想，守住一身的正气，不受外界影响的话，不光生活会简单幸福很多，身体也会阳气十足，抵抗力倍增。**

养生先立品，品高寿自长

"是以嗜欲不能劳其目，淫邪不能惑其心，愚、智、贤、不肖，不惧于物，故合于道。所以能皆度百岁而动作不衰者，以其德全不危也"。

——《黄帝内经·素问·上古天真论》

现在有很多人在研究长寿老人的养生秘诀，得出来的结论千差万别，有很多甚至和我们所知道的养生常识背道而驰，但有一个不太引人注意却不能忽视的共同点，那就是他们的心胸很宽阔，不为小事斤斤计较，邻里关系很和睦，虽然一辈子粗茶淡饭，但怡然自乐，颐养天年。

也许是心理因素的作用太不直观了，很多人从来没有将其当回事，即使是相关的文章也只是在文末一笔带过，似有似无。如果我们认真研究《黄帝内经》以及中国古代先贤的作品和他们的健康状况会发现，《黄帝内经》中从头至尾都是养生与养心并行不悖，彼此穿插而行，共同为生命服务的。而且，那些道德修养很高、人品很高尚的人往往也比较长寿，大圣人孔子活了 73 岁，他的语录《论语》中无处不体现出他仁义的思想，所谓**"大德必得其寿"**用来形容他再合适不过。而他的学术继承人孟子也是一位仁义至上的"君子"，寿高 84 岁。要知道，当时的历史条件下，常人的寿命不过 30 岁，他们可以说是道德养生的至高典范，所以民间俗语说"七十三，八十四，阎王不请自己去"。

这样说，很多人还是不明白，品德高尚与否到底是如何影响一个人的身体健康的？我们在本章第一篇已经说过，道德修养高的人，气血运行循规蹈矩，脏腑阴阳平衡，所以有很强的抵抗力，百病不生。

这里，我们再讲讲，一个人品德高尚，对自己和对他人有什么影响。

首先，道德品质高的人乐于助人，人际关系很好。人在这个世界上最需要的就是爱，乐于帮助他人，当然能获得他人的感激和喜欢，这样自己的心理也能由之得到慰藉，所谓**"赠人玫瑰，手留余香"**讲的就是这个道理。调查也发现，长寿老人和周边的亲戚邻居都能和睦相处，人际关系很好。见下图。

**要想长寿，必须得有豁达的心胸，容人容己，
不过分挑剔，凡事为他人着想。**

其次，人品好的人，凡事为他人着想，不会心怀敌意，对身边的事情也能公正看待，心主血的功能就能很好发挥。否则，每天在不同的情绪之间跳动，会加重心脏负担，"悲哀忧愁皆心动"，如此一来，得心脏病、高血压的可能性会大大加重。如果能以一种善意、平和的心态去看待事情，这些问题就不会发生了。

第三，心地善良，修养好，品德高尚，定然知道"知足常乐"。在这样一个物欲横行的时代，这些人能够秉持一份淡然的心境，不会挖空心思去算计别人的东西。否则，只怕心里永无宁日，脏腑器官功能失常，睡不安稳，食不知味。所以，失眠、肠胃病患者都有必要检讨一下自己的心理状态，清扫一下，不要让心里充满太多不应该有的欲望。

调查研究也发现，那些贪污受贿的人，有60%的人患有癌症、脑出血、心脏病、神经过敏等疾病，而清廉的官员当中仅有 16％ 的人患病，后者的寿命普遍比前者高。可能很多人觉得这是无稽之谈，可事实上，一个人的道德修养、品性会和他的寿命、健康直接挂钩。药王孙思邈说过："百性周备，虽绝药饵，足以遐龄；德行不克，纵服玉液金丹未能延寿"。而现在的人不知道反省自己的内心，为了健康花费大量的金钱，买保健品、进口药品，似乎这些就能让自己健康长寿，无病无灾了。其实不是这样的，人是身体与心灵的结合体，只有你沉下心来，修炼自己的品性，外加肢体、脏腑的锻炼，这样二者结合，才能真正地健康、长寿，不受疾病困扰。

吾日三省吾身，内省才能永葆
精气神的充足

"人之血气精神者，所以奉生而周于性命者也"。

——《黄帝内经·灵枢·本脏》

　　我自小便练习太极拳，一直未得名师指导，自觉没有仙风道骨、浑然天成的气势，但作为一种强身健体的养生功法，也坚持了若干年。不料几年前遇见一位太极界的宗师，对我的拳术大为赞许，而宗师所推崇的并非我的招势，用他的话来说，我的招势圆不圆，方不方，完全没有正统太极优雅柔和的韵味。但我的拳术当中体现出来一种气势，这种气势光靠漂亮的招势是达不到的，有一种内在的精气神在里面。我告诉宗师，其实我很小的时候就跟着爷爷读《论语》，里面有**"吾日三省吾身"**的句子，从那以后，每天晚上睡觉前，我都会在爷爷的督促下反思自己白天的言行，将其用文字记录下来，长年坚持不断。

　　宗师听到这里，沉思良久。末了，他拍桌击掌，大声呼好，说："太极拳讲究'外练筋骨膜皮毛，内练意志精气神'，最主要的就是后者，练筋骨皮的目的也是激发人的精气神，只要精气神饱满，那么一切的养生之术都不在话下。而内省可以说是最简单且有效的练精气神的方法"。我以前从不曾听到这种言论，很多行为都是自发去做的，自从听到宗师滔滔不绝的赞誉以及对精气神的讲解，我不仅开始对《黄帝内经》中精气神以及一些心理情志方面的东西感兴趣，并且将其作为我一生主要的研究课题。现将我的心得摘录如下，与朋友们共同探讨。

　　我们常说："天有三宝日、月、星；地有三宝水、火、风；人有

养生就是养气血

160

内省可以让人的精气神从分散的外在世界中收回来，关注于内心。

三宝精、气、神"。精气神是人体最基本的东西，如果没有了精气神，就如同上天没有了日月星，谁能想象得出来那是什么模样？日月星我们很好理解，有现成的东西在那里。那么精气神是什么呢？其实，"精"就是人体最基本的物质基础，在先天就是母体的营养供应，在后天就是脾胃消化的水谷精微。这个"精"储藏于肾当中，所以常被称为"肾精"，包括人体最基本的物质形态，如血、津液和精液等，因为它处于一个最基础的地位，所以一直以来都是中医养生最基本的物质基础，就像建房子的屋基一样，牵一发而动全身，精不足体不健。

说完精，再来讲气。精的物质形态比较浓厚，相对来说还好理解。而"气"理解起来可能就很模糊了，但是它的地位却绝对不能忽视，我们这本书所围绕的一个核心问题就是"气"。据统计，《黄帝内经》中一共有 3000 多处提到"气"，我们知道，繁体字的气是写作氣。底下是一个"米"字，可见它还是和物质有关系的，并非虚无缥缈。《黄帝内经》说："精中生气，气中生神"。气由精化生而来，所以又称"精气"，贯穿于人体的每一个角落，就像晋代葛洪说的"人在气中，气在人中，自天地至于万物，无不赖以气生存也"。如果说气是水的话，人就是鱼，人必然置身于一个正常的气场当中，才能生存。而且，气也是人和自然万物沟通的一个桥梁，人体以及自然万物的生长收藏无不赖于气的变化。

那么神呢？神说直白点就是天。一个人所有的生理的经络、气血和心理的精神、意识等都会通过神表现出来，神需要气的作用力，所以我们经常用"神气十足"来形容一个人内在的精神饱满，其实这是体内精气充足的外在表现；而如果有人说你"神色委靡"的话，你就得好好思考一下，最近是不是没有吃好、睡好，精气不足了？

精和气是神的基础，而神又是精和气的升华。一个人神气涣散的话，精气必然也跟着损耗。这也是为什么人遭受了重大打击，身体会每况愈下，就是因为"神"的耗散导致了精气的衰亡；反过来，神能守持住的话，精气出现一些小问题，也能很快地调整过来。《红楼梦》中林黛玉一听贾宝玉定亲了，立马就晕过去，水米不进。而一听说消息是假的，又活过来，吃粥喝药，其实都是神在暗地里捣鬼。简单点说，中医讲的所有补肾填精、益气活血的方子，最终的目的都是为了养"神"，只有"神"足了，人才能感受到幸福，身体才能达到真正意义上的健康。

"神"是藏在心中的，"心藏神"，心是"五脏六腑之大主"，位于上焦，"神"就这样高高在上地俯视全身。神一旦出现问题，全身都不可能顺畅，就好像封建时代的帝王一样，必须稳坐金銮殿，否则下面的臣民就会动荡不安。所以中国古代的养生方法无不强调"养神"，静坐、太极、气功等都强调通过气息的调节来达到"心神合一"的境界，不让"神"外散。见上页图。

而内省可以说是一种最简单的"养神"方法，白天的工作、生活、与人的接触等，会让人产生很多想法，不知不觉间，心神就会偏离方向。晚上睡觉前，将白天的言行举止进行一番回顾总结，把不正确的、错误的欲念消掉，让游离的"神"归心，人就可以回到原有的清静，相当于正本清源，可以说是从高处入手的养生方法。按照此法做的人，自己不觉得，但天长日久下来，效果却无人能及。所以，按照武侠小说的说法，我这是在无意中练得了至高无上的功法，而自己却浑然不觉。

要想拿到幸福和健康之门的钥匙，
必先学会做人

"知之则强，不知则老，故同出而名异耳。智者察同，愚者察异，愚者不足，智者有余，有余则耳目聪明，身体轻强，老者复壮，壮者益治"。

——《黄帝内经·素问·金匮真言论》

我们常说：**未做事，先做人**。意思是你人做好了，以后事业的道路会顺畅很多。其实，人做好了，不仅是事业会顺畅，你的人生会因此更加幸福，身体也会因之而更加健康。

这样说，可能有人觉得有些玄乎。在讲这个道理之前，我们先说一下什么叫"会做人"。这里说的"会做人"不是八面玲珑，投机取巧。而是秉着真心、爱心、宽容之心去对待他人，通过自己的真心去获得他人的尊敬和爱戴的一种人。人都是以心换心的，你秉持着最真诚的心，人家也会以同样的真心来对你，那么你的心里必然会安稳许多，不会妄自猜测，惴惴不安。这样的话，气的循环就不会被打乱、受阻而导致气血淤滞，吃得香，睡得着，身体自然会更加健康。

再说爱心，爱是人与生俱来的一种需求。一个人自爱的话，就不会放纵自己，凡事有所收敛，不会为所欲为，干出伤害自己身体和心灵的事；爱他人的话，自己的心也会得到洗礼，这种反馈回来的"爱"的讯息，能够让人从心底里感受到被关怀的快乐。人是秉承爱而生的，一生当中苦苦追求的也是爱。你对别人付出的爱越多，收获的爱也就越多，就像那首歌唱的："只要人人都献出一点爱，世界将变成美好的人间"。聚沙成塔，集腋成裘，一点点的爱会聚起来，会在心底里筑起一道坚强的堡垒，抵御疾病的侵袭。见下图。

人的一生苦苦追求的就是爱，被爱所包围的人更能感受到幸福，
也更能爱他人，身体感受到这份爱，自然会更加健康。

最后说说宽容心，几乎所有长寿、成功的人士都具有极其宽广的胸怀，能够包容人，曾经有位心理学家说过：**"人类要开拓健康之坦途，首先要学会宽容"**。一个不能宽容他人的人，往往心胸狭隘，小肚鸡肠，点滴小事留在心中愤慨不已，甚至生出种种不好的念头。道家说"善能生阳，恶能生阴"，也就是说善意的念头和行动是可以提升人体的阳气的，阳气是人身体的主导，阳气充足的人身体健康，心胸宽广，更容易获得好人缘和好身体。你能宽容他人，必然也能获得他人的宽容，这种良性的人际互动可以让你的心情更加愉悦，体内气血的循环也会更加畅通。

总而言之，放开自己的心胸，接纳自己，接纳他人。以最友善的态度去对待自己和他人，只有这样，身体才能在阳气的主导下，呈现出蓬勃生机，健康无限！

附录1 心身疾病常用方剂

方剂	药 名	配 方	功 效
疏肝解郁	逍遥散	柴胡、当归、白芍、白术、茯苓、炙甘草、生姜、薄荷	疏肝解郁,养血健脾
	越鞠丸	苍术、香附、川芎、神曲、栀子	行气解郁
	金铃子散	金铃子、延胡索	疏肝泄热,行气止痛
	半夏厚朴汤	半夏、厚朴、茯苓、生姜、苏叶	行气开郁,降逆化痰
抑肝调理	痛泻要方	白术、白芍、陈皮、防风	抑肝扶脾
	泻青丸	当归、龙脑、川芎、山栀子仁、大黄、羌活、防风	清泻肝火
	左金丸	黄连、吴茱萸	清泻肝火
	龙胆泻肝汤	龙胆草、柴胡、泽泻、车前子、木通、生地、当归、栀子、黄芩、甘草	清泻肝胆实火
平肝潜阳	镇肝熄风汤	牛膝、生赭石、生龙骨、生牡蛎、生龟板、生白芍、玄参、天冬、川楝子、生麦芽、茵陈、甘草	镇肝熄风
	建瓴汤	生山药、牛膝、生赭石、生龙骨、生牡蛎、生地、生白芍、柏子仁	宁心安神,镇肝熄风
	天麻钩藤饮	天麻、钩藤、生决明、山栀、黄芩、牛膝、杜仲、益母草、桑寄生、夜交藤、茯神	清热安神,镇肝熄风
重镇安神	安神丸	朱砂、黄连、生地、炙甘草、当归	清热养血,镇心安神
	磁朱丸	磁石、朱砂、神曲	重镇安神,平肝潜阳
	生铁落饮	天冬、麦冬、贝母、胆南星、橘红、石菖蒲、远志、连翘、茯苓、茯神、玄参、钩藤、丹参、朱砂、生铁落	镇心除痰,安神定志

方剂	药 名	配 方	功 效
养心安神	酸枣仁汤	酸枣仁、甘草、知母、茯苓、川芎	养血安神,清热除烦
	天王补心丹	酸枣仁、柏子仁、当归、天冬、麦冬、生地、人参、丹参、玄参、云苓、五味子、远志、桔梗	滋阴清热,养心安神
	甘麦大枣汤	甘草、小麦、大枣	养心安神,和中缓急
调补心脾	归脾汤	白术、当归、白茯苓、黄芪(炒)、远志、龙眼肉、酸枣仁(炒)、人参、木香、炙甘草	益气补血,健脾养心
	炙甘草汤	炙甘草、生姜、桂枝、人参、生地黄、阿胶、麦门冬、麻仁、大枣	益气养血,滋阴复脉
	大补心丹	黄芪、茯神、人参、熟地、远志、酸枣仁、五味子、柏子仁	调补心脾,安志养神
益气升阳	益气聪明汤	黄芪、人参、升麻、葛根、蔓荆子、芍药、黄柏、炙甘草	益气升阳,聪耳明目
	升陷汤	黄芪、知母、柴胡、桔梗、升麻	益气升陷,宁心安神
	茯神散	茯神、远志、人参、干地黄、防风、细辛、白术、前胡、桂心、菊花、枳壳	益气壮胆,升清宁神
调补气血	补气	四君子汤	人参、白术、茯苓、甘草	益气强壮
		异功散	人参、白术、茯苓、甘草、陈皮	理气补气
		六君子汤	人参、白术、茯苓、甘草、陈皮、半夏	补气化痰
		生脉饮	人参、麦冬、五味子	益气生津,敛阴宁神
	补血	四物汤	当归、川芎、白芍、熟地	补血调血
		人参养营汤	人参、白术、茯苓、炙甘草、当归、白芍、黄芪、陈皮、熟地、五味子、远志	补益气血,宁心安神
		八珍汤	人参、白术、白芍、茯苓、当归、川芎、熟地、甘草、生姜、大枣	平补气血

方剂		药　名	配　方	功　效
调补气血	补阳	肾气丸	干地黄、山药、山茱萸、泽泻、茯苓、牡丹皮、桂枝、附子	温补肾阳
		二仙汤	仙茅、仙灵脾、当归、巴戟天、黄柏、知母	温肾阳，补肾精
		右归饮	熟地、山药、山茱萸、枸杞、杜仲、肉桂、附子、甘草	温肾填精
	滋阴	六味地黄丸	熟地、山萸肉、山药、泽泻、丹皮、茯苓	滋阴补肾，充髓宁志
		一贯煎	北沙参、麦冬、当归、生地、枸杞子、川楝子	滋养肝肾，疏肝理气
		大补阴丸	黄柏、知母、熟地、龟板、猪脊髓	滋阴降火
		二至丸	旱莲草、女贞子	益肝肾，补阴血
		枕中丹	龟板、龙骨、远志、菖蒲	补阴宁志
祛瘀通络		桃仁承气汤	桃仁、大黄、桂枝、甘草、芒硝	破血下瘀
		血府逐瘀汤	桃仁、红花、当归、生地、川芎、赤芍、牛膝、桔梗、柴胡、枳壳、甘草	活血化瘀，行气止痛
		复元活血汤	柴胡、瓜蒌根、当归、红花、甘草、穿山甲、大黄、桃仁	活血祛瘀，疏肝通络
		补阳还五汤	黄芪、当归、赤芍、地龙、川芎、桃仁、红花	补气活血通络
化湿逐痰		通窍活血汤	赤芍、川芎、桃仁、红花、老葱、生姜、红枣、麝香、黄酒	活血通窍
		二陈汤	半夏、陈皮、茯苓、甘草	燥湿化痰，理气和中
		温胆汤	半夏、竹茹、枳实、橘皮、生姜、甘草	燥湿化痰，清热除烦
		导痰汤	半夏、橘红、茯苓、甘草、生姜、南星、枳实	行气开郁，燥湿化痰
		涤痰汤	半夏、胆星、橘红、枳实、茯苓、甘草、生姜、人参、菖蒲、竹茹、大枣	涤痰开窍
		半夏白术天麻汤	半夏、天麻、茯苓、橘红、白术、甘草	化痰祛风
		苓桂术甘汤	茯苓、桂枝、白术、甘草	健脾化饮

方剂	药　名	配　　方	功　　效
清热泻火	栀子豉汤	栀子、豆豉	清热除烦
	清宫汤	玄参、莲子心、竹叶卷心、麦冬、连翘、犀角	清热宁心，养阴安神
	泻心汤	大黄、黄连、黄芩	泻火解毒
	犀黄丸	犀角、麝香、乳香、没药	清热解毒
开窍醒脑	安宫牛黄丸	牛黄、郁金、犀角、黄芩、黄连、雄黄、栀子、朱砂、冰片、麝香、珍珠	清热解毒，豁痰开窍
	牛黄清心丸	牛黄、当归、川芎、甘草、山药、黄芩	清热解毒，豁痰开窍
	紫雪丹	石膏、寒水石、磁石、滑石、犀角、羚羊角、木香、沉香、元参、升麻、甘草、丁香、朴硝、硝石、麝香、朱砂	清热镇痉
	至宝丹	生乌犀、生玳瑁、琥珀、朱砂、雄黄、牛黄、龙脑、麝香、安息香、金箔、银箔	化浊开窍，清热解毒
开窍醒脑	苏合香丸	白术、青木香、乌犀屑、香附、朱砂、诃子、白檀香、安息香、沉香、麝香、丁香、荜茇、冰片、苏合香油、熏陆香	温通开窍，行气化浊
增智益神	琼玉膏	生地、人参、茯苓、白沙蜜	开心益智，强壮延年
	宁志膏	辰砂、乳香、酸枣仁、人参	益智宁神
	开心方	远志、人参、茯苓、菖蒲	益脑增智
	多忘方	远志、人参、茯苓、菖蒲、茯神	益智宁神
	聪明丸	龟甲（炙酥）、龙骨、远志、石菖蒲	益脑增智
	镇心省睡益智方	远志、益智仁、菖蒲	益脑增智

附录2 养心小窍门：《黄帝内经》养生名言五十句

1. 余知百病生于气也。怒则气上，喜则气缓，悲则气消，恐则气下，惊则气乱，思则气结。

释文：我已经知道许多疾病的发生，都是和气的变化有关。大怒使气向上逆行，大喜使气涣散，大悲使气消损，大恐使气下沉，受惊使气紊乱耗损，思虑过度使气郁结。

2. 夫心藏神，肺藏气，肝藏血，脾藏肉，肾藏志，而此成形。志意通，内连骨髓，而成身形五脏。五脏之道，皆出于经隧，以行血气，血气不和，百病乃变化而生，是故守经隧焉。

释文：心脏蕴藏着人体的神，肺脏蕴藏着人体的气，肝脏蕴藏着人体的血，脾脏蕴藏着人体的肉（形），肾脏蕴藏着人体的志。五脏各有不同的分工，而形成了有机的人体。但人体只有精神畅快，气血才能流通正常，并与内部的骨髓相联系，才能使五脏和全身的功能正常协调，从而形成一个身心平衡的健康人体。五脏是人体的中心，五脏与身体各部分之间以及五脏之间的联系，都是由经脉运行气血，使身体各部分之间发生联系，协调全身的功能。如果气血的运行发生障碍，各种各样的疾病就要产生了。所以，必须保持经脉的畅通无阻。

3. 志意和则精神专直，魂魄不散，悔怒不起，五脏不受邪矣。

释文：意志调和，就会精神集中、思维敏捷，魂魄正常活动而不散乱，没有懊悔、愤怒等过度的情绪刺激，五脏的功能正常而免受邪气的侵袭。

养生就是养气血

170

4. 凡未诊病者，必问尝贵后贱，虽不中邪，病从内生，名曰脱营。尝富后贫，名曰失精，五气留连，病有所并。

释文：在诊断疾病之前必须先询问病人有关的生活情况。如果病人以前地位高贵而后来失势变得卑贱了，这种病人往往有屈辱感，情绪抑郁，即使没有遭受外界邪气的侵袭，疾病也会从身体内部产生，这种病叫做"脱营"；如果病人以前富有而后来贫困了，这种病人往往在饮食和情绪上受到影响而产生疾病，这种疾病叫做"失精"。这些疾病都是由于情绪不舒畅，五脏之气郁结而形成的。

5. 故智者之养生也，必顺四时而适寒暑，和喜怒而安居处，节阴阳而调刚柔，如是则僻邪不至，长生久视。

释文：所以明智之人的养生方法，必定是顺应四季的时令，以适应气候的寒暑变化；不过于喜怒，并能良好地适应周围的环境；节制阴阳的偏胜偏衰，并调和刚柔，使之相济。像这样，就能使病邪无从侵袭，从而延长生命，不易衰老。

6. 心者，五脏六腑之主也，忧愁则心动，心动则五脏六腑皆摇。

释文：心是五脏六腑的主宰，所以，悲伤、哀怨、愁苦、忧伤的情绪会牵动心神，心神不安就会使五脏六腑都受影响。

7. 卫气不得入于阴，常留于阳。留于阳则阳气满，阳气满则阳跷盛，不得入于阴则阴气虚，故目不瞑矣。

释文：卫气在白天行于阳分，人处于清醒状态，夜间卫气入于阴分，人就能入睡。如果卫气不能入于阴分，而经常停留在阳分，就会使卫气在人体的阳分处于盛满状态。相应的阳跷脉就偏盛，卫气不能入于阴分，就会形成阴气虚，阴虚不能敛阳，所以就不能安睡。

8. 喜则气和志达，荣卫通利，故气缓矣。

释文：人的心情高兴时，营卫之气运行通畅，但过度喜悦可以使心气涣散，所以说喜则气缓。

9. 人生十岁，五脏始定，血气已通，其气在下，故好走。

释文：人生长到十岁的时候，五脏发育到一定的健全程度，血气的运行完全均匀，人体生长发育的根源是肾脏的精气，精气从下部而上行，所以喜爱跑动。

10. 心者，君主之官也，神明出焉。

释文：人体脏腑的功能各不相同，它们之间的关系，如果拿一个君主制的朝廷君臣职能做比喻的话，那么心脏就好像地位最高的"君主"，它具有主导和统率全身各脏腑功能活动，并且使它们相互协调，人们的聪明智慧，都是从心脏产生出来的。

11. 七七任脉虚，太冲脉衰少，天癸竭，地道不通，故形坏而无子。

释文：到了四十九岁左右，任脉空虚，冲脉的气血衰弱，天癸竭尽，经闭不行，机体衰老，便没有生育能力了。

12. 十二经脉，三百六十五络，其血气皆上于面而走空窍。其精阳气上走于目而为睛。其别气走于耳而为听。别气者，心主之气也。

释文：周身的十二经脉以及与之相通的三百六十五络脉，其所有的血气都是上达于头面部而分别入于各个孔窍之中的。其阳气的精微上注于眼目，而使眼能够看见东西；其旁行的经气从两侧上注于耳，而使耳能够听。

13. 夫邪之生也，或生于阴，或生于阳。其生于阳者，得之风雨寒暑；其生于阴者，得之饮食居处，阴阳喜怒。

释文：邪气侵犯人体而产生病变，有的先发生在阴经而后才影响到阳经，有的则先发生在阳经而后才影响到阴经。先发生在阳经的病变，多数是由于遭受了风雨寒暑等外邪的侵袭而引起的；先发生于阴经的病变，则多数是由于饮食失调，生活起居没有规律，房事过度以及情绪波动剧烈等内因所导致的。

14. 是以圣人为无为之事，乐恬淡之能，从欲快志于虚无之守，故寿命无穷，与天地终，此圣人之治身也。

释文：所以明达事理的人，懂得调和阴阳的重要性，不做对养生不利的事，而能顺乎自然，以安闲清静为最大快乐，使自己的精神意志始终保持无忧无虑的境界，因而可以长寿。这就是聪明人的养生方法。

15. 怵惕思虑则伤神，神伤则恐惧，流淫而不止。悲哀动中者，竭绝而失生；喜乐者，神惮散而不藏；愁忧者，气闭塞而不行；盛怒者，迷惑而不治；恐惧者，神荡而不收。

释文：所以怵惧、惊惕、思考、焦虑太过，就会损伤神气。神气被伤，就会经常出现恐惧的情绪，并使五脏的精气流散不止。因悲哀过度而伤及内脏的，就会使人神气衰竭消亡而丧失生命；喜乐过度的，神所就会消耗涣散而不得藏蓄。忧愁过度的，就会使上焦的气机闭塞而不得畅行；大怒的，就会使神气迷乱惶惑而不能正常运行；恐惧过度的，就会使神气流荡耗散而不能收敛。

16. 大怒则形气绝，而血菀于上，使人薄厥。

释文：人体中的阳气，还可因为大怒而运行紊乱。阳气过分上逆，使形体正常的协调关系遭到破坏，血液就会随着阳气上逆而郁淤头部，从而使人发生昏厥，成为"薄厥"病。

17. 怒则气逆，甚则呕血及飧泄，故气上矣。

释文：大怒会使肝气上逆，血液也随气向上逆行，病情严重的，可以引起呕血，如果肝气影响到脾胃的消化功能，还可以导致消化不良、大便泄泻的飧泄病。所以说怒则气上。

18. 五脏各以其时受病，非其时各传以与之。人与天地相参，故五脏各以治时。感于寒则受病，微则为咳，甚者为泄为痛。乘秋则肺先受邪，乘春则肝先受之。

释文：至于五脏的咳嗽，是由于五脏各自在所主管的季节受邪气侵袭，发病而产生咳嗽。因此，如果不是在肺脏所主管的秋季发生咳嗽，则是其他脏腑受邪气侵袭而转移到肺，引起咳嗽。人体与自然界息息相关，人体的五脏和季节有一定的对应关系。所以，五脏在各自主管的季节中受寒邪侵袭，就会产生疾病。轻的容易造成咳嗽，重的会造成腹泻和腹痛。一般在秋天肺脏先受邪气侵袭而引起咳嗽；在春天肝脏先受邪气侵袭，然后再影响到肺，产生咳嗽。

19. 故人卧血归于肝。肝受血而能视，足受血而能步，掌受血而能握，指受血而能摄。

释文：人在睡觉的时候，对血液的需要量减少，因而就有部分血液贮藏到肝脏；而当人体从事各种活动时，血液便又及时地运行到所需部位。所以眼睛得到血的营养，才能看见东西；脚得到血的营养，才能走路；手掌得到血的营养，才能握住东西；手指得到血的营养，才能灵巧使用。

20. 怒则气上逆，胸中蓄积，血气逆留，髋皮充肌，血脉不行，转而为热，热则消肌肤，故为消瘅。

释文：发怒会使气上逆而蓄积在胸中，气血运行失常而留滞，使皮肤、肌肉充胀，血脉运行不畅，郁积而生热，热又耗津液而使肌肤消瘦，所以形成消渴病。

21. 喜怒不节则伤脏，脏伤则病起于阴也。

释文：喜怒等情绪不加以节制会伤害内脏，五脏属阴，所以内伤五脏而导致的疾病起于阴。

22. 夫肝者，中之将也，取决于胆，咽为之使。此人者，数谋虑不决，故胆虚气上溢而口为主苦，治之以胆募俞。

释文：人的肝脏好比是将军，主管出谋划策；胆好比是公正的法官，主管判断。肝胆的经脉都经过咽部，所以咽部就像是肝胆的信使。患胆瘅的病人，常常是多虑而少决断，造成胆的功能失常，胆汁上溢而出现口苦。治疗时应针刺胆经的募穴、俞穴。

23. 有所坠堕，恶血留内，若有所大怒，气上而不下，积于胁下则伤肝。

释文：从高处坠落跌伤，就会使瘀血留滞于内。若此时又有大怒的情绪刺激，就会导致气上逆而不下，血亦随之上行，郁结于胸胁之下，而使肝脏受伤。

24. 胆胀者，胁下痛胀，口中苦，善太息。

释文：胆胀病，胁下胀满疼痛，口苦，常作深呼吸而叹气。

25. 木郁之发，太虚埃昏，云物以扰，大风乃至，屋发折木，木有变。故民病胃脘当心而痛，上支两胁，鬲咽不通，食饮不下。

释文：木气过分抑制土，土气被郁已极而复气发作起来，会导致山石雷变，天昏地暗。这样的气候条件，人就容易患心腹胀满、肠鸣等疾病。

26. 使志若伏若匿，若有私意，若已有得。

释文：在冬季应避免各种不良情绪的干扰和刺激，让心情始终处于淡泊宁静的状态，遇事做到含而不露，秘而不宣，使心神安静自如，让自己的内心世界充满乐观喜悦的情绪。

27. 肝者，罢极之本，魂之居也。

释文：肝脏是耐受疲劳的根本，它能贮藏血液，并且可以根据人体活动的需要而调节血量，肝血充足，人就不容易疲劳，由于"魂"必须藏在血液中，因此，也可以说肝脏是藏魂的地方。

28. 女子七岁，肾气盛，齿更发长，二七而天癸至，任脉通，太冲脉盛，月事以时下，故有子。

释文：按一般生理过程来讲，女子以七年为一个发育阶段。女子到了七岁左右，肾脏的精气开始旺盛，表现为牙齿更换，毛发渐盛；到了十四岁左右，对生殖功能有促进作用的物质——"天癸"，成熟并发挥作用，使任脉通畅，冲脉气血旺盛，表现为月经按时来潮，开始有了生育能力。

29. 恐则精却，却则上焦闭，闭则气还，还则下焦胀，故气不行矣。

释文：过度恐惧会损伤肾脏，肾脏所贮藏的精气也会被损伤。肾的功能受损伤则人体上部闭塞不通，下部的气无法上行，停留于下，使人体下部胀满，所以气无法运行。

30. 肾者主水，受五脏六腑之精而藏之。故五脏盛，乃能泻。

释文：肾主水，其主要功能之一是藏精，精气除来源于与生俱来的"先天之精"外，还需其他脏腑"后天之精"的充养，所以五脏的精气充盛，肾脏的精气才能盈满溢泻。

31. 肾气通于耳，肾和则耳能闻五音。

释文：肾气通耳窍，肾的功能正常，双耳才能听见各种声音。

32. 肾者，主蛰，封藏之本，精之处也，其华在发，其充在骨，阴中之少阴，通于冬气。

释文：肾脏是密封和潜藏的根本，就好像冬眠的虫子一样，它藏蓄着人体的真阴和真阳，同时，它也是藏贮人体生殖之精的地方，头发靠血的滋养，而阴精可以化生为血液，肾能藏精，所以说肾脏的精华反映在头发上，肾的功能是充实和滋养骨骼，肾气充足的时候，头发就有光泽，骨骼也坚韧，由于它的部位在膈肌以下的腹腔，属于阴，又有闭藏的功能特点，所以称它为"阴中之少阴"，与四时中阴气最盛而阳气闭藏的冬季相通应。

33. 脾为谏议之官，知周出焉。

释文：脾脏就像谏议之官，辅助君主，一切周密的计划，都是从此产生出来的。

34. 思则心有所存，神有所归，正气留而不行，故气结矣。

释文：人如果思虑太多，精神过度集中于某一事物，就会使体内的正气停留在局部而不能正常运行，所以说思则气结。

35. 谷气通于脾，雨气通于肾。六经为川，肠胃为海，九窍为水注之气。以天地为之阴阳，阳之汗，以天地之雨名之；阳之气，以天地之疾风名之。暴气象雷，逆气象阳。故治不法天之纪，不用地之理，则灾害至矣。

释文：山谷之气，能藏蓄和生长植物，具有土的性质，因而与脾脏相通；雨气有水的性质，因而与肾脏相通。人体中的三阴、三阳六经经脉运行气血，犹如地上的河流；肠胃能盛贮饮食水谷，犹如大海，善于容纳百川之水；耳、目、口、鼻和前阴、后阴上下九窍，犹如水气流通的道路。若以天地阴阳来类比人体，则人身阳气所化之汗，犹如天之降雨；人体中的阳气，好像天地间的疾风，流动不止。

人怒气暴发，如同天之雷霆；人身中的阳气容易上冲，如同自然界中的阳气向上蒸腾。因此，调养身体，如果不仿效天地间的规律，不懂得天有八节不同的节气，地有五域不同的地理，那么，疾病就要发生了。

36. 夫五味入口，藏于胃，脾为之行其精气，津液在脾，故令人口甘也，此肥美之所发也，此人必数食甘美而多肥也，肥者令人内热，甘者令人中满，故其气上溢，转为消渴。

释文：正常情况下，饮食入胃，经过初步消化，再由脾输布到全身。如果脾脏有热，失去正常功能，则津液停留，向上泛溢，就会使人产生口中发甜的症状。这是因为饮食过于肥美所诱发的疾病。得这种病的人，大都喜欢吃肥甘厚味的食物。厚味使人生内热，甘味使人胸腹满闷。因此食气上溢出现口甜，日久化为消渴。

37. 两精相搏谓之神，随神往来者谓之魂，并精而出入者谓之魄，所以任物者谓之心，心有所忆谓之意，意之所存谓之志，因志而存变谓之思，因思而远慕谓之虑，因虑而处物谓之智。

释文：阴阳两精相互结合而形成的生命活力，就叫做神；伴随着神气往来存在的精神活动，叫做魂；依傍着精气的出入流动而产生的神气功能，叫做魄。所以能够使人主动地去认识客观事物的主观意识，叫做心；心里有所记忆并进一步形成欲念的过程，叫做意；意念已经存留并决心贯彻的过程，叫做志；为了实现志向而反复考虑应该做些什么的过程，叫做思；因思考而预见后果的过程，叫做虑；因深谋远虑而有所抉择以巧妙地处理事务的过程，叫做智。

38. 人以水谷为本，故人绝水谷则死，脉无胃气亦死。所谓无胃气者，但得真脏脉不得胃气也。

释文：人的生命以饮食水谷为根本，所以当断绝饮食水谷时，人就要死亡。水谷精微，是由脾胃产生而布散到全身的，并且可以从脉象上反映出来。所以，如果脉象中没有和缓的胃气，人也要死亡。

39. 饮食自倍，肠胃乃伤。

释文：饮食过量，就要损伤肠胃，这是脾胃病的常见病因。

40. 人受气于谷，谷入于胃，以传于肺，五脏六腑皆以受气。

释文：水谷进入人体，经过脾胃运化，产生水谷精微传注于肺，经过肺的宣发作用，把水谷精微布散到全身，从而使五脏六腑皆得到营养。

41. 清静则肉腠闭拒，虽有大风苛毒，弗之能害。

释文：懂得养生的人，做到形神清静，善于保持阳气充足调畅固密，所以肌肉皮肤坚固紧密，而能抗拒邪气的侵扰，纵然有巨大的风邪以及毒性很强的其他致病因素，也不会受到伤害。

42. 肺者，脏之长也，为心之盖也，有所失亡，所求不得，则发肺鸣，鸣则肺热叶焦。故曰：五脏因肺热叶焦，发为痿躄，此之谓也。

释文：肺脏在五脏之中位置最高，覆盖在心脏之上，它是各脏之长，如果精神受到刺激，或欲望不能满足，就会使肺气不通畅，而发生病变，热邪造成肺叶焦枯，无法将津液输送到全身，便产生五体痿，因此说五脏都是由于肺热叶焦，而产生痿躄的，就是这个道理。

43. 中焦亦并胃中，出上焦之后，此所受气者，泌糟粕，蒸津液，化其精微，上注于肺脉，乃化而为血。

释文：中焦也是出自胃的上口，在上焦之下，脾胃消化吸收的水谷精微，化生为营气和津液等营养物质通过经脉而会聚于肺，并依赖肺的呼吸，在肺内进行气体交换之后方化而为血。

44. 脉气流经，经气归于肺，肺朝百脉，输精于皮毛。毛脉合精，行气于府。府精神明，留于四脏，气归于权衡。

释文：遍布全身的较小经脉中的精气，逐级归流进入到较大的经脉中去，全身的经脉均和肺通连。所以，全身的精气最后总归入肺，肺脏再把精气输送布散到全身体表（皮毛）。体表的精气再进入经脉中，返流入人的经脉中……经脉中的精气就这样正常运行而不紊乱，并周流人心、肝、脾、肾，从而使脉中的精气趋于平衡，使五脏六腑的功能正常协调。

45. 肺气通于鼻，肺和则鼻能知香臭矣。

释文：鼻是气体出入的通道。鼻的通气和嗅觉作用，必须依赖肺气的作用，肺气和畅，呼吸调匀，嗅觉才能正常。

46. 悲则心系急，肺布叶举，而上焦不通，营卫不散，热气在中，故气消矣。

释文：过度悲哀使心联系其他组织的脉络痉挛拘急，还会影响到肺，使肺叶张大抬高，呼吸异常，以致胸腔胀满，气的运行不通畅，营卫之气不能布散到全身，停留在胸中，时间长久转化成热，而损耗气，所以说悲则气消。

47. 夫上古圣人之教下也，皆谓之虚邪贼风，避之有时，恬淡虚无，真气从之，精神内守，病安从来。是以志闲而少欲，心安而不惧，形劳而不倦，气从以顺，各从其欲，皆得所愿。

释文：远古时代，对养生之道有高度修养的人，经常教导人们说：对于一年四季中都可能影响人们身体健康的气候变化，要注意适时回避；思想上要保持清静安闲，不要心存杂念。这样，体外没有邪气干扰，体内无情绪波动，人体和外界环境协调统一，体内的真气调和而没有损伤，精神充足而不外散，病邪还能从何处来侵犯人体呢？所以，那时的人们都能够志意安闲而少有嗜欲，心情安逸而不受外界事物的干扰，身体虽然在劳动却不觉得疲倦，人体正气调顺，因为少欲，所以每个人的要求都能得到满足，每个人的愿望都可以实现。

48. 正气内存，邪不可干，邪之所凑，其气必虚。

释文：在人体正气强盛的情况下，邪气不易侵入机体，也就不会发生疾病。而邪气之所以能够侵犯人体，一定是因为正气已经虚弱了。

49. 是以嗜欲不能劳其目，淫邪不能惑其心，愚、智、贤、不肖，不惧于物，故合于道。所以能皆度百岁而动作不衰者，以其德全不危也。

释文：所以，不良的嗜好就不能吸引他们的视听，淫念邪说就不能动摇他们的意志。无论是愚笨的抑或是聪明的，无论是德才兼备的抑或是才能低下的，他们的共同之处，就是能做到不受外界事物的干扰，因而符合养生之道的要求。他们之所以能活到一百岁而仍然不显得衰老，就是因为这些人全面掌握了养生之道，使天真之气得到保护而不受到危害的缘故。

50. 知之则强，不知则老，故同出而名异耳。智者察同，愚者察异，愚者不足，智者有余，有余则耳目聪明，身体轻强，老者复壮，壮者益治。

释文：聪明的人，注意的是人与天地阴阳之气的一致性，因而在健康无病的时候，就能够注意养生保健；而愚蠢的人，只有在出现了强壮与衰弱的不同结果时，才知道注意。所以愚蠢的人常正气不足，体力衰弱；而聪明的人，正气旺盛，耳目聪明，精力充沛，身体轻快强健。即使是年龄已经衰老，也还能焕发青春，保持强壮；而本来就是强壮的人，就会更加强健了。